BACHU
CYFLE

I Mam, Dad, Elen a Daf...
diolch am fod 'y rheswm pam'.

I Josh... diolch am fod yn
ffrind ffyddlon ac am gadw at dy air.

BACHU CYFLE

IFAN PHILLIPS

Argraffiad cyntaf: 2025
© Hawlfraint Ifan Phillips a'r Lolfa Cyf., 2025

Dymuna'r cyhoeddwyr gydnabod cymorth ariannol
Cyngor Llyfrau Cymru

Llun y clawr: Owen Edwards
Cynllun y clawr: Sion Ilar

Rhif Llyfr Rhyngwladol: 978 1 80099 757 8

Cyhoeddwyd, rhwymwyd ac argraffwyd yng Nghymru gan
Y Lolfa Cyf., Talybont, Ceredigion SY24 5HE
gwefan www.ylolfa.com
e-bost ylolfa@ylolfa.com
ffôn 01970 832 304

Cynnwys

ARWR

Nid am dy ragoriaeth di wrth drin y bêl,
Nac am dy fod ar drothwy clod a bri;
Nid am dy holl frwdfrydedd di a'th sêl
Y rhoddaf di yn oriel f'arwyr i;
Ond am wynebu'r anffawd gefaist ti
Yn wrol, gan ymroi i goncro'r her,
A threchu arswyd erch y dyddiau du
A roddodd derfyn ar dy yrfa fer.
Nid byw mewn hunan-dostur yw dy fyd,
Nac ymdrybaeddu mewn iselder blin;
Mae'r wên ddrygionus ar dy wedd o hyd,
A pharabl bro'r 'Wes, wes' sydd ar dy fin.
Wrth wrando ar dy sylwebu, pleser gawn
O wylio gŵr y gwydr hanner llawn.

John Meurig Edwards

IFAN

Taith bore braf o'r Hafod, – addewid
    Mor dda yn troi'n drallod;
  Yna'r daith hir a dewr – dod
  Gam wrth gam at ddygymod.

Myrddin ap Dafydd

Gair gan Hywel Wyn Jones

FY NGHOF CYNHARAF o Ifan ar gae rygbi yw fel crwt egnïol, penfelyn yn mynychu ei sesiwn ymarfer cyntaf gyda thîm dan 8 Clwb Rygbi Crymych. O'r dechrau'n deg, roedd ei rinweddau yn amlwg iawn ac am y ddegawd a mwy wedi hynny, mi fu'n hollol ymroddedig i'r tîm, yn ogystal ag i'w ddatblygiad fel chwaraewr.

Er yn grwt ifanc direidus a llawn sbort, o'r funud y camai ar y cae, roedd Ifan yn gwbwl o ddifri. Boed mewn ffeinal neu sesiwn ymarfer, roedd ganddo yr un agwedd yn union, a'i ddylanwad yn ymestyn dros ei gyd-chwaraewyr. Deallai bwysigrwydd gweithio fel tîm i gyrraedd y nod a byddai'n annog ac yn arwain o'r cychwyn cyntaf. Roedd siars, "C'mon bois!" Ifan pan fyddai rhai o'i gyd-chwaraewyr ifanc am chwarae dwli, gymaint yn fwy effeithiol nag anogaeth hyfforddwr!

Dechreuodd yn safle'r canolwr gan fod ganddo sgiliau trafod da a dealltwriaeth aeddfed o'r defnydd o ofod ar y cae. Ond wrth i'r elfen gorfforol dyfu'n bwysicach, cam naturiol iddo oedd symud i'r rheng flaen i fod yng nghanol berw'r frwydr, yn llythrennol, gan arwain o'r blaen.

Cyn gemau mawr, dangosai Ifan gryn barch tuag at ei wrthwynebwyr, ac eto ar yr union eiliad y clywai'r chwiban cyntaf, roedd yn gwbwl eofn a hyderus. Ar y cyfle cyntaf posib, fe gariai'r bêl yn ddewr at daclwr cryfaf y gwrthwynebwyr, er mwyn sicrhau mantais seicolegol gynnar. Byddai'n gysurus hefyd i gymryd cyfrifoldeb dros benderfyniadau pwysig, fel cymryd *quick tap*, neu daflu i gefn y llinell – beth bynnag a roddai fantais i'r tîm. Fel unrhyw chwaraewr o'r safon uchaf, roedd gan Ifan y gallu i fod yn y lle iawn ar yr adeg iawn bob tro. Mi sgoriodd lu o geisiadau tyngedfennol ar hyd y blynyddoedd i ennill amryw o gwpanau, ond roedd tacl ddewr, neu ennill pêl ar y llawr yr un mor bwysig iddo.

Wedi ei gyfnod yn yr adran Iau, doedd ei lwyddiannau fel chwaraewr a'r modd yr ymdopodd ag amrywiol heriau ers hynny, ddim yn syndod o gwbwl.

Gair gan Gethin Vobe

CWRDDAIS AG IFAN am y tro cyntaf wrth i fi hyfforddi rygbi gyda'i dad, Kevin, yng nghlwb rygbi Castell Newydd Emlyn yn ystod y tymor 2001/2002. Tua phump neu chwech oed oedd Ifan ar y pryd, a byddai'n aml yn dod i wylio ymarferion a gemau rygbi gyda'i chwaer, Elen, a'i frawd, Dafydd. Yn amlwg, roedd rygbi yn y gwaed.

Rhai blynyddoedd yn ddiweddarach, cefais y fraint o fod yn athro Addysg Gorfforol ac yn hyfforddwr rygbi ar Ifan a Dafydd yn Ysgol y Preseli, Crymych. Bues i'n athro yn yr ysgol gymunedol hyfryd hon am 22 mlynedd, a chael y pleser o gydweithio gydag Iola, mam Ifan – athrawes Gymraeg a dirprwy bennaeth arbennig. Gyda fy nghyd-weithiwr, Marc Lloyd, cafwyd llawer o hwyl mewn cystadlaethau rygbi ysgolion sirol, rhanbarthol a chenedlaethol, ac roedd Ifan yn rhan allweddol o'r llwyddiant hwnnw. Mae'n anodd rhagdybio pa ddisgyblion mewn unrhyw faes ym myd chwaraeon sy'n debygol o lwyddo ar y lefel uchaf, ond mae agwedd ac ymroddiad yn rhoi syniad da i rywun. Roedd Ifan yn meddu ar lawer o'r nodweddion angenrheidiol i sicrhau llwyddiant – roedd yn fachgen gonest a phenderfynol, nodweddion a fyddai'n sylfaen hanfodol iddo yn y dyfodol. Gweithiodd Ifan yn ddiwyd a dangos gwytnwch enfawr er mwyn gwireddu ei freuddwyd o fod yn chwaraewr rygbi proffesiynol. Roedd Kevin eisoes yn arwr i nifer yn ein hardal, a does dim amheuaeth gen i, mi fyddai Ifan wedi efelychu ei dad drwy wisgo crys coch Cymru â rhif 2 ar ei gefn.

Mae stori Ifan yn un o lwyddiant dros adfyd. Adfyd na fyddai ef yn ei ddiffinio fel adfyd. Yn y misoedd yn dilyn ei ddamwain dangosodd Ifan nerth ei gymeriad wrth iddo wynebu her fwyaf ei fywyd. Yn lle osgoi'r boen, yr ofn a'r cwestiynau anodd, penderfynodd eu hwynebu'n uniongyrchol. Nid stori o dristwch yw'r stori hon, ond un o gryfder a phwrpas. Mae'n stori sy'n darlunio ymroddiad yr ysbryd dynol i lwyddo yn wyneb pob her, pŵer cymuned glos a dyn ifanc sy'n ddiolchgar o gael derbyn cyfle arall mewn bywyd. Mewn sawl dull a modd, mae Ifan wedi llwyddo i ysbrydoli mwy o bobl wedi'r ddamwain nag y buasai erioed wedi gallu gwneud fel chwaraewr rygbi. Yn barod, mae wedi sefydlu ei hun fel un o'r sylwebwyr a dadansoddwyr rygbi gorau ar S4C ac mae Clwb Rygbi Crymych yn manteisio ar ei brofiad cyfoethog fel hyfforddwr talentog.

Fel athro, rydych bob amser yn gobeithio y bydd eich disgyblion yn llwyddo mewn bywyd. Mae Ifan wedi gwneud llawer mwy na hynny. Daeth yn symbol o gryfder cymeriad i gynifer, gan ddangos y ffordd, nid yn unig i athletwyr ifanc, ond i unrhyw un sy'n wynebu heriau anodd mewn bywyd. Rwy'n hynod falch o fod wedi cael y pleser o'i ddysgu, a hyd yn oed yn fwy balch o gael y cyfle hwn i ysgrifennu rhagair i'w stori ysbrydoledig.

Gair gan Wyn Gruffydd

MI WENAIS ACHOS wên i yn gwbod yn iawn pwy wedd e heb edrych ar fy nodiade. Wedd e 'run boerad, os nad yr un cerddediad â'i dad. Falle taw gêm ysgolion wedd hi, ond wedd Ifan yn sefyll mas. Ysgwydde fel drws y storws a gwên yn ddigon llydan i'w llenwi.

A dyma fi am 'chydig funude yn dychmygu y byddwn i, ymhen dim, yn sôn am 'Ifan' fel y byddwn i am ei dad Kevin, a'i ddou 'wncwl', Brian a John, 'Triawd y Buarth' ar y Gnoll yn yr oes amatur. Wedd dim amheuaeth gen i fod Ifan yn yr olyniaeth.

A phan brifiodd y crwt i'w lawn dwf a thymor neu ddou tu ôl iddo fe yng nghrys y Gweilch rwy'n cofio ca'l sgwrs gyda Toby Booth – prif hyfforddwr y rhanbarth bryd hynny a bachan sy ddim yn pilio wye yn ofalus ac wedd, "He's going places ... " yn ddigon da i fi.

Dyna wedd yr awgrym hefyd mewn erthygl yn y *Sunday Times* yng Ngwanwyn 2021 pan grybwyllwyd enw Ifan fel *bolter* ar gyfer taith y Llewod i Dde Affrica y flwyddyn honno. Fe ddaeth hynny fel 'bollten' o nunlle o bensel newyddiadurwr fuodd yn sgriblo am rygbi yn ei Saesneg blodeuog gore am flynydde, ac ond wedi gweld Ifan yn whare ar un siwrne neu ddwy, siŵr o fod.

Ond fe ddaeth 'taranfollt' arall i ran Ifan wnaeth chwalu pob uchelgais ym myd rygbi. Fe wnewch chi ddarllen am y modd y gwnaeth e ddygymod â'r digwyddiad hwnnw a newidiodd ei fywyd am byth o fewn cloriau'r gyfrol hon. Tra oedd y byd rygbi yn tosturio – roedd Ifan yn ymddiheuro i'w fam!

A phan weles i fachan ifanc yng Nghlwb Rygbi Crymych yn codi bys i'r arwerthwr a hwnnw'n taro'r morthwyl i lawr am £1,000 am un o grysau Ifan mewn arwerthiant i'w hebrwng ar ei daith, a deall wedyn taw bechgyn y clwb wedd tu ôl i'r weithred, wedd dim angen poeni. Fe roddodd y gymuned gyfan ei breichie yn dynn amdano fe a'i deulu. A fydden i ddim yn disgwyl llai o gymdeithas glos bro'r Preselau.

Ma'r ysgwydde mor llydan ag y buon nhw, a dim ond Ifan ei hunan a ŵyr beth yw hyd a lled ei gyraeddiade. Ma' fe'n dod â gwên i'n wyneb i 'to wrth ei glywed mor gysurus gyda meicroffon yn ei law â wedd e gyda'r bêl dan ei gesel, er dwi'n amau weithie a yw e'n cael ei dalu fesul gair! Ond gyda Chwmrâg naturiol ardal y 'garreg las' yn llithro oddi ar ei wefuse mor bur â gwlith y bore ar Foel Drigarn, fe glywn ni fwy o'r 'Wes, wes' dros y tonfeddi.

"Shwd ydych chi yn cynnal ei ysbryd e?" meddwn i wrth ei dad, Kevin 'chydig wedi'r ddamwain. Wedd yr ateb sydyn yn adrodd cyfrole. "Fe sy'n ein cynnal ni." A dyna i gyd sydd angen i chi w'bod am Ifan. Mwynhewch y darllen.

Ni ddaw ddoe yn ôl

Machlud yr haul

Sul, 5ed o Ragfyr 2021

Wedd hi'n fore braf o aeaf y bore Sul hwnnw, y math o fore
pan dyw aros gatre yn y tŷ ddim yn opsiwn, yn enwedig os
wes 'da chi foto-beic yn ishte mas tu fas yn awchu am fynd
am sbin. Triumph Scrambler 900 Khaki wedd e', wên i wir yn
dwlu arno. Gysylltes i â Josh; wedd dim cynllunie 'da fe am y
dydd, felly wedd dim ond un peth amdani – cwrdd i fynd am
reid i rywle. Mae'n od, yn dyw e, fel ma addewid dechre'r dydd
yn galler newid gyment cyn y machlud y dwrnod hwnnw. Ac
fe dda'th y machlud yn gynt na'r dishgwyl i fi...

Sai'n meddwl bo Mam yn ffan mowr ar y dechre, gweld
moto-beics yn bethe swnllyd a dansherus. Ond, fe fydden
i'n hala llun ati bob hyn a hyn o ble wên i 'di mynd am
sbin; Dinbych-y-pysgod i ga'l tsips, Bannau Brycheiniog i
fwynhau'r golygfeydd hyfryd, a dwi'n credu'n ara' bach ei
bod hi wedi dod rownd i weld 'mod i'n ca'l shwt bleser o
fynd ar y beic, wel, dwi'n meddwl ei bod hi 'di derbyn e
rhyw ffordd neu'i gilydd. A whare teg, na'th hi ddim gweud
unweth ar ôl y ddamwen, na ddylsen i fod wedi dechre
potsian 'da nhw. Fydden i wir ddim 'di beio hi o gwbwl pe
bai hi 'di neud.

Ta beth, wên i 'di trefnu cwrdd â Josh byti un ar ddeg.
Ar ôl gwisgo'r cit i gyd, bant â fi i gwrdd ag e, gyda gwres
yr haul ar 'y nghefen i. Wên i 'di penderfynu mynd i'r caffi
'ma, Haystack, sy'n agos i Abertawe; dwi'n mynd 'na'n itha
amal a gweud y gwir. Dwi'n cofio'n gwmws ble wên i'n

ishte, dwy sêt o'r drws ffrynt, y sêt arferol i fi. Ges i'r *special* wedd ar y bwrdd, y 'Jammy Dodger Pancakes'. Dwi'n cofio hynny'n iawn; sai'n meddwl wna i fyth anghofio'r pancos 'na, y pryd dwetha i fi ga'l cyn y ddamwen. Wrthi'n cloncan a rhoi'r byd yn ei le wên ni pan benderfynon ni fynd lawr i'r Mwmbwls.

"*Verdi's?*" wedes i.

"*Follow me,*" medde Josh, a bant â ni.

Wên i'n ca'l rhyw deimlad o ryddid wrth fynd ar y beic, hollol wahanol i fyd cystadleuol y ca' rygbi. Wedd e'n deimlad dibryder, di-ofid mewn rhyw ffordd. Ie, 'na braf wedd teimlo'r awel yn mynd trwydda i, y rhyddid hyfryd 'na wedd yn neud i fi deimlo'n fyw. Wrth fynd heibio i Stadiwm y Swansea.com neu'r Liberty fel wedd e wrth gwrs, dwi'n cofio meddwl bo bywyd yn dda; cofio meddwl 'mod i'n lwcus o ran iechyd a gatre, a bod y rygbi hefyd yn mynd yn dda a bydden i'n ca'l whare ar y Swansea.com y penwthnos wedyn. Wedd y teimlad 'na o falchder o ble wên i ar y pryd yn 'y mywyd i yn un dwi'n ei gofio'n iawn y dwrnod hwnnw. A wedyn, wel...

Es i rownd y gornel a 'nes i dynnu'n llygad bant o'r hewl am ryw hanner eiliad, 'na gyd – ond wedd e'n ddigon. Newidodd y gole i goch. Arafodd Josh. Ond des i ddim i ben ag arafu mewn pryd. Es i mewn i gefen ei feic e, lan y pafin ac at y postyn goleuade traffig. Dwi'n cofio teimlo 'mod i wedi colli balans. Wedd 'y ngho's dde i'n hongian mas i'r ochor a 'na pryd fwrodd y postyn yn erbyn 'y mhen-glin i. Fe rwygodd e'r go's bant yn syth. Wedd y cyfan drosto mewn eiliade. Ond, wên i heb sylwi yn iawn ar y pryd beth wir wedd wedi digwydd. Meddylies i'n syth am Josh, a'r difrod wên i 'di achosi i'w feic e. Ta beth, wên i ar lawr a'r peth mwya' naturiol i fi neud wedd trial codi, er mwyn gweld a wedd Josh yn ocê. Deimles i bo rhywbeth yn bod, ddim cweit yn iawn – achos wên i jyst yn ffeilu sefyll ar 'y nhra'd. Y peth cynta a'th trwy'n feddwl i wedd 'mod i 'di datgymalu 'mhen-glin. Damo, damo feddylies i, 'na stop ar y rygbi am sbel, de.

* * *

Heol Morfa, Hafod, Abertawe

Dou o'r gloch... decstes i Mam. Wên i'n gwbod bo rhaid i fi hala neges ati. Wedd yr olygfa siŵr o fod yn un hynod i'r bobol wedd yn sefyll o 'nghwmpas i; fi ar lawr yn ishte ar y pafin... yn dala'r stwmp o go's wedd 'da fi ar ôl, yn hala tecst at Mam. Wedd y neges yn syml. 'Mam, dwi mor sori.' Hales i'r un neges wedyn i app y teulu. 'Dwi mor sori.' Beth arall allen i weud? Wedd y freuddwyd ar ben, wên i'n itha siŵr o hynny. Bydde isie gwyrth i bethe fynd 'nôl fel wên nhw.

Gatre, Hafod, Blaenwaun

Dou o'r gloch, gatre ar y ffarm yn Hafod. Wedd Mam 'di bod yng nghwrdd y bore yng nghapel Pen-y-groes, capel rhyw filltir neu ddwy tu fas i Grymych. Mae'n aelod 'na ers blynydde, wedi priodi 'na a'r tri ohonon ni, blant wedi ein bedyddio 'na. Wedd Elen, fy chwa'r, ei gŵr Guto ac Anni Llwyd, eu merch fach lawr yn yr Hafod. Wrthi'n sychu'r llestri ar ôl cinio hwyr wedd Mam pan dda'th y tecst drwyddo. Yn amlwg, na'th hi ddim wir ddeall pam wên i'n gweud 'sori'. Pan dda'th yr ail decst drwyddo wedodd Mam yn syth, 'Ma rhywbeth yn bod!' A 'na pryd canodd y ffôn. Druan o Josh, wedd e'n trial gweud wrthyn nhw fel wedd pethe, ond wedd e ddim yn neud unrhyw sens o gwbwl.

"There's been an accident. It's not good, it's not good."

Wedd popeth yn mynd trwy feddylie Mam a Dad. Erbyn hyn, wedd yr heddwas wedi mynd â'r ffôn oddi wrth Josh er mwyn siarad gydag Elen, fy chwa'r. Na'th yr heddwas esbonio 'mod i'n dal yn fyw, ond bod y ddamwen yn un ddifrifol iawn. Wedd sŵn y seiren i'w chlywed yn y cefndir yn gwneud i stumoge Mam a Dad gorddi gan ofid. Pan dwi'n meddwl amdanyn nhw'n sefyll yn y gegin gatre'n trial neud synnwyr o hyn i gyd, hec, dwi mor flin 'mod i 'di rhoi shwt brofiad erchyll iddyn nhw. Dechreuodd fy rhieni eu ffordd o gatre i'r ysbyty heb wbod yn iawn i ble wên nhw'n mynd; Glangwili, Treforys, Llanelli, Caerdydd? Wedd dechre'r daith yn golygu cyrradd yn gynt, yn ôl Mam. Er bod Elen wedi ca'l gwbod yn y sgwrs ffôn 'mod i 'di colli 'ngho's, na'th hi ddim gweud dim wrth Mam na Dad ar y pryd. Bydde derbyn y newyddion hynny cyn dechre'r daith i'r ysbyty wedi bod yn rhy greulon o anodd.

* * *

Whare teg, wedd pob un o 'nghwmpas i'n trial helpu. Josh na'th fy helpu i dynnu'n helmed – gyda honno mlân, wên i wir yn ffeilu gweld beth wedd 'di digwydd yn iawn. Weles i'r panig yn ei lyged e'n syth. Mae'n od i weud, ond wên i wir ddim yn teimlo lot o boen ar y dechre. Erbyn hyn, wedd hi'n weddol amlwg nad datgymalu 'mhen-glin wên i 'di neud, wedd dim pen-glin 'na o gwbwl i'w datgymalu – dim pen-glin, dim co's. Wên i'n galler gweld asgwrn y *femur* yn hollol glir – yr asgwrn hira a chryfa yn y corff. Wedd tipyn o wa'd dros bob man. Sai'n gwbod shwt, ond 'nes i gofio am y gwersi Cymorth Cynta ges i flynydde'n ôl yng Nghanolfan Hamdden, Crymych fel rhan o'r cwrs i fod yn Achubwr Bywyd yn grwtyn ifanc. A wên i'n gwbod bod rhaid neud rhywbeth yn weddol glou er mwyn atal y gwa'd. Dwi'n cofio clampo 'ngho's i'n syth gyda 'nwylo. Wedd jyst rhaid, rhaid atal y gwa'd.

Pan dwi'n edrych 'nôl ar y cyfan, hec, bues i mor lwcus, hynny yw o sefyllfa wael, wedd lwc o 'mhlaid i. Mas yn cerdded wedd diffoddwr tân rhan amser, reit ar bwys ble ddigwyddodd y ddamwen. Da'th e draw i helpu, cymryd rheolaeth o'r sefyllfa a dechre sôn am glymu *tourniquet* o gwmpas y stwmp o go's wedd 'da fi ar ôl. Rhai munude wedyn da'th heddwas draw â'r offer cywir 'da fe i aller neud hynny. Wên i'n galler gweld nawr beth wedd effaith y ddamwen. Yn ishte lan, edryches i ddeg llath i'r chwith... a gweld fy meic, edryches i ddeg llath i'r dde... a gweld 'y ngho's.

Yng nghanol popeth, dwi'n cofio ca'l pwl o wherthin – fi a Josh yn gweld e'n ddoniol bod y treinyr yn dal ar 'y nhro'd i yn sownd i'r go's wedd nawr yn gorwedd rhyw ddeg llath bant. Nethon nhw roi'r go's mewn bag plastig, rhywbeth sy'n bwysig i neud mae'n debyg er mwyn arbed gyment â phosib ohoni. Wên i 'di bod yn dala stwmp y go's mor dynn er mwyn rhwystro'r gwaedu fel wedd hi'n job a hanner iddyn nhw roi *tourniquet* arna i. Wên i jyst yn gwbod bo rhaid i fi atal y gwa'd. Ond y *tourniquet* na'th achub 'y mywyd i. Wedodd y llawfeddyg hynny wrtha i rai dwrnode wedyn... y basen i 'di gwaedu i farwolaeth, heblaw am y *tourniquet*. Gorfu i Josh dynnu 'mysedd i bant o'r stwmp; wên i jyst ddim isie gadel fynd.

"*Let go or you'll lose your fingers as well!*" wedodd yr heddwas.

A 'na pryd edryches i ar Josh.

"*You're going to have to pull my fingers off,*" wedes i.

Dwi'n cofio ar y pryd wên i'n ffeilu'n deg â gadel fynd o'r go's. Sai'n siŵr pam. Adrenalin, poen, sioc? Alla i ddim gweud. Na'th yr heddwas weud yn weddol glir bod e'n ffeilu rhoi'r *tourniquet* ar y go's nes mod i 'di tynnu'n nwylo bant. Bydde gadel 'y nwylo i 'na yn golygu rhoi *tourniquet* dros 'y mysedd a 'ngho's i; canlyniad hynny fydde colli 'mysedd. A chredwch chi fi, wên i ddim isie colli dim byd arall! Gyda bach o berswâd, fe dynnodd Josh 'y mysedd i bant o'r go's. Eiliade wedyn, clymodd yr heddwas y *tourniquet* mlân; fe dda'th hi'n amlwg i fi ddyddie'n ddiweddarach mai dyma'r eiliad dyngedfennol na'th achub 'y mywyd i. Wên i mor falch bod Josh 'da fi. Ei wyneb e wedd yr unig wyneb cyfarwydd o 'nghwmpas i – elfen arall o'r lwc wedd o 'mhlaid i y dwrnod 'ny – Josh.

Wên i'n dechre teimlo'n fwy poenus nawr, yn gwbod bo rhaid dilyn cyfarwyddiade'r medics, os wên i am oroesi. Rhyw ugen munud bant wên i o ysbyty Treforys. Dwi'n amal yn meddwl beth pe bydde'r ddamwen 'di digwydd ar hewl fach cefen gwlad yn agos i gatre. Sai'n gwbod wedyn a fydden i 'ma i weud yr hanes heddi. Wedd, wedd lwc 'da fi unweth 'to gan taw dim ond ugen munud bant o'r ysbyty wên i. Wedd sŵn y seiren yn mynd drwydda i nawr, wedd effaith y ddamwen yn dechre gwawrio arna i 'fyd.

Fe ges i sylw arbennig wrth gyrradd ysbyty Treforys. Wedd lot o holi cwestiyne a finne'n ateb pob *"How are you feeling?"* gyda *"Good, thanks, and how are you?"* Ond wedd lefel y boen wedi cynyddu dipyn erbyn hynny a finne ddim yn siŵr beth wedd y llawfeddygon 'di penderfynu neud nesa. Nethon nhw baratoi fi ar gyfer mynd lawr i'r theatr. Mae'n debyg bod pump llawfeddyg (a dou arall drwy linc fideo) wedi bod yn trafod beth wedd ore i'w wneud o dan yr amgylchiade. Fe gymron nhw i ystyriaeth 'mod i'n chwaraewr rygbi proffesiynol ac o achos hynny wedd yr opsiwn o ailgysylltu'r go's yn un buon nhw'n trafod am sbel. Wrth orwedd ar y gwely'n barod am y theatr, fe wedodd y llawfeddyg wrtha i,

"We'll do everything we can to save your leg."

Dwi'n cofio ateb,

"Thank you. But I think I know what the outcome is going to be."

Hec, wên i'n boenus erbyn hyn, a wir isie ca'l fy rhoi i gysgu, er mwyn ca'l gwared o'r boen uffernol 'ma.

Ar yr un pryd â wên i ar y ffordd i'r theatr, wedd Mam a Dad yn cyrradd yr ysbyty. Wedd heddwas yn aros amdanyn nhw tu fas i gwrdd â nhw. Yr heddwas na'th dorri'r newydd i'n rhieni 'mod i 'di colli ngho's. Esboniodd y llawfeddyg iddyn nhw ymhen tipyn wedyn na wedd ailgysylltu'r go's wedi bod yn llwyddiant. O glywed y newyddion, wedd Mam 'di ffeilu gweud dim. Nid dyna'r canlyniad wên nhw

21

'di gobitho amdano. Na'th y llawfeddyg sôn mai'r opsiwn gore i fi wedd peidio ailgysylltu'r go's. Mae'n debyg bod llawdriniaethe o'r fath yn galler arwain at gyment o gymhlethdode; rhagor o driniaethe anodd a rheiny'n amal yn boenus ac yn aflwyddiannus. Eu penderfyniad nhw, fel arbenigwyr, wedd 'mod i'n ddyn ifanc, iach fydde'n galler ailadeiladu ei fywyd a byw 'da un go's. O edrych 'nôl, wên nhw'n llygad eu lle wrth gwrs. A dwi'n diolch hyd heddi am eu harbenigedd nhw, yn neud y penderfyniad cywir, i fi. Mae bywyd sawl un, heblaw amdana i wrth gwrs, 'di newid yn gyfan gwbl o achos penderfyniadau meddygon fel rhain. Diolch i'r nef amdanyn nhw.

Wedd hi siŵr o fod wedi chwech o'r gloch arna i'n ôl yn y Recovery Room. Wên i'n boenus iawn. Wên i hefyd yn gwbod erbyn hyn bod fy ofne gwaetha wedi'u gwireddu. Wên i 'di colli'r go's, a 'na fe, wedd dim mwy alle neb neud. Dwi'n cofio'r nyrsys yn holi shwt wên i'n teimlo. Dwi'n cofio'n glir hefyd iddyn nhw ofyn a wên i isie cadw'n siaced a'n helmed. Wedd gweddill y dillad wedi cael eu rhwygo yn y ddamwen. A'th popeth i'r bag du, heblaw'r helmed. Wedes i 'mod i moyn cadw honno… am ryw reswm.

Da'th y nyrs ata i i weud bo Mam a Dad yn aros i 'ngweld i. Wên i'n teimlo shwt gymysgedd o emosiyne. Ond, yn teimlo'n fwy na dim, 'mod i 'di 'u siomi nhw. Yn fy meddwl i, wedd y ddamwen 'ma'n golygu na fydden i wir yn galler 'u talu nhw'n ôl am yr holl gefnogaeth wên nhw 'di rhoi i fi dros y blynydde. Agorodd y drws. Cerddon nhw mewn. Wên i'n galler gweld yn syth bod Mam 'di bod yn llefen y glaw. Fe dynnes i'r flanced dros 'yn wyneb. Wên i jyst isie cwato. Wedd gyment o gas 'da fi 'mod i 'di rhoi nhw trwy'r fath brofiad uffernol. Fe dynnodd Dad y flanced lawr a nala i'n dynn, dynn. Wên i'n ffeilu rheoli'r dagre erbyn hyn, wedd y ddou ohonon ni'n shiglo dan emosiwn, a ffeilu gweud dim. Dechreues i weud 'sori' to. Wedd Mam yn trial bod yn ddewr,

"Ddewn ni drw' hyn 'da'n gilydd. Ti 'ma – a 'na beth sy'n bwysig."

Dwi'n cofio gweld Mam yn edrych lawr ar hyd y gwely. Wedd hi'n sefyll wrth ochor 'y ngho's dde i, y go's wedd ddim 'na bellach wrth gwrs. A'r flanced yn dangos yn amlwg ble wedd y go's yn dechre a ble wedd hi'n bennu. Wedd Mam yn ffeilu peidio â syllu ar y gwacter yn y gwely. Syllu a llefen, llefen a syllu. Wedd hi'n mynd i gymryd amser i ni i gyd i gyfarwyddo â cholli'r go's.

Es i o'r Recovery Room lawr i'r ward. Na'th Mam a Dad ddilyn mor bell â drws y ward a wedyn gorfod ffarwelio. Wedd cyfyngiade Covid yn dal mewn grym i radde, ac felly wedd dim dewis 'da ni ond ffarwelio. Dwi'n galler dychmygu Mam a Dad yn cerdded y coridor hir mas o'r ysbyty y noson honno, eu bywyde bach nhw wedi troi ben i waered.

Yn y gwely, yn y tawelwch, fe 'nes i sylweddoli na fydde bywyd byth 'run peth 'to. Wedd digwyddiade y dwrnod hwnnw mor afreal rywsut ac eto mor boenus o real y foment honno. Wedd addewid dechre'r dydd yn edrych mor bell 'nôl nawr. Do, diflannodd haul y bore... a diflannodd y freuddwyd hefyd.

23

"Wedd y dyddie cynnar
yn ddyddie da tu hwnt"

Dyddie cynnar

FI YW CYW melyn ola'r teulu. Fy chwa'r Elen Mai yw'r hyna (a'r bos yn bendant!). Fe dda'th hi i'r byd ddydd Sul, 24ain o Fai 1992, yr wyres gynta i Mam-gu a Tad-cu Crymych (rhieni fy mam) ond nid yr un gynta i Nana (mam fy nhad). Ma Dad yn un o chwech o blant – pedair chwa'r ac un brawd a phob un ohonyn nhw wedi dechre planta cyn Dad! Cyrhaeddodd Dafydd Glyn, fy mrawd, y byd hwn ddydd Llun, Awst 8fed, 1994. Dyddiad wedi ei drefnu mlân llaw wedd hwn, gan fod Mam yn gwbod mai trwy lawdriniaeth 'Caesarean' bydde Daf yn ca'l ei eni. Yn ôl Mam gath hi ddewis o ddyddiade ddechre Awst ar gyfer ei eni, ond yr un wedd yn taro'n fwy addas na'r lleill, heb os wedd Awst 8fed sef pen-blwydd Mam-gu. Felly, cafodd Dafydd ei eni ar ben-blwydd Mam-gu yn 60 oed. Ac ma dathlu'r ddou ben-blwydd wedi bod yn achlysur teuluol hapus ers hynny. Yn wir, na'th Mam-gu gyrradd y garreg filltir arbennig o ddathlu'r 90 oed yn 2024 a Daf ynte yn hen foi yn 30 'run dwrnod!

Ces i 'ngeni ar ddydd Llun 29ain Ionawr 1996 yn Ysbyty Llwynhelyg, Hwlffordd. 'Planned Caesarean' wedd y drefen i fod, 'run peth â 'mrawd, Dafydd. Fe ddes i i'r byd am 2:12 o'r gloch y prynhawn yn pwyso 7 pwys a chwarter owns i fod yn fanwl gywir! Wedd y fydwraig wedi mynnu ers dechre'r beichiogrwydd mai merch fach wedd gyda Mam. Ac felly pan gyrhaeddes i wedd gofyn dechre ystyried enwau gwahanol! Wedd Elen a Dafydd wedi ca'l eu henwi ar ôl rhieni fy Mam-gu sef Ellen a Dafi Morgans, Crosslands,

Crymych. Ond fe ges i'r fraint, mae'n debyg, o fod yn destun anghydweld rhwng Mam a Dad dros fy enwi. Wedd 'Ifan' yn bendant i fod 'na rhywle, achos wedd Mam yn hoff iawn o'r enw. Wedd Mam yn hoff o'r enw 'Guto' hefyd. Ac wedyn, wedd Ifan Morgan yn opsiwn (Morgan yw ail enw Mam) a hefyd Ifan Huw (Huw yw ail enw Dad). Ta beth, pan a'th Mam i gofrestru fy ngenedigaeth yng Nghrymych chwe wthnos yn ddiweddarach, wedd dal peth ansicrwydd beth fydde'r enw terfynol. Diwedd y gân wedd i fi ga'l fy nghofrestru'n Guto Ifan Phillips. Yn ôl Mam, wedd Guto Ifan yn rhedeg yn llyfnach o lawer na Ifan Guto ac felly y buodd hi. Dwi wedi gweud wrthi sawl gwaith bod hyn wedi achosi fwy nag un problem i fi ar hyd y blynydde. Esiampl berffeth yw ishte'n aros i weld doctor a llais yn cyhoeddi "Nesa, Mr Guto Phillips." A finne'n dal i ishte yn fy sedd nes bod y llais yn dod eto, yn gryfach y tro hwn, yn cyhoeddi, "Mr Guto Ifan Phillips." Ta beth, digon yw dweud os ca i blant byth, fe fydda i'n 'u galw nhw yn ôl eu henwe cynta a dim dwlu!

Yr unig un fydde'n fy nghyfarch i, gan ddefnyddio'r ddou enw yn ddi-ffael, wedd Mr Dai Llewellyn, Pennaeth Ysgol y Frenni. Falle wedd hynny'n bennaf er mwyn gwahaniaethu rhwng Ifan Phillips arall wedd yn yr ysgol ar y pryd. A Guto Ifan dwi 'di bod i Syr ers dyddie ysgol gynradd. Ac ma e'n dal i holi amdana i'n gyson, whare teg iddo fe.

Synnech chi pa mor anodd ma rhai pobol yn ei gweld hi i ynganu f'enw i'n gywir. Wedd rhai sylwebwyr di-Gymraeg o Gymru'n ei cha'l hi'n anodd gweud 'Ifan' yn iawn, heb sôn am sylwebwyr ar draws y ffin. Er gwaetha'r cyfan, dwi'n hoff iawn o'r enw sy 'da fi ac ma Mam yn gweud bod e'n fy siwtio i'r dim. A finne nawr ar ochor arall y ffens yn sylwebu ar chwaraewyr o bob rhan o'r byd, dwi'n trial ymdrechu'n gyson i ynganu enwau'r bois yn gywir. Erbyn heddi, ma 'Ifan' i weld yn enw bach digon di-nod o'i gymharu ag enwau llawer o'r rhai sy'n rhedeg mas ar gaeau rygbi ein gwlad.

Er mai ond tair blynedd ac wyth mis wedd rhyngon ni'n tri, pan wedd hi'n dod i flynydde ysgol, wedd dwy flynedd academaidd rhwng bob yr un ohonon ni. Cyn dechre drwy'r dydd yn yr ysgol, wedd mynychu'r Cylch Meithrin yn rhan o'r broses naturiol addysgiadol i blant yr ardal. Ac felly, bant â fi i Gylch Meithrin Hermon, a hynny'n weddol rwydd a di-ffws, yn ôl fy rhieni. Wedd Cadi, fy nghyfnither (saith mis yn hŷn na fi) eisoes yn mynychu'r Cylch ac felly yn wyneb cyfarwydd i fi ymhlith y nifer o wynebau erill hollol ddierth. 'Nes i ffarwelio â Mandy, Kim a Janice (staff y Cylch) ar Ebrill 13eg, 2000 ar ôl treulio sawl tymor hapus yno yn eu cwmni. Ar yr ail o Fai, 2000 'nes i ddechre mynd drwy'r dydd i Ysgol Hermon. Wedd dros 40 o blant yno, a finne yn eu plith yn cynnwys fy ffrind gydol oes, Tomos Phillips (neu Tomos Mebs fel ma pawb yn ei alw – ar ôl Mebs ei dad wrth gwrs!)

Ma Dad a Mebs 'di bod yn ffrindie ers blynydde maith a wedd Tomos a finne 'di clico o'r dechre hefyd – yr un diddordebe, yr un cefndir, yr un pethe'n hala ni i wherthin. Digon yw dweud, fel i'r blynydde fynd heibio, bo ni'n dou wedi rhannu profiade di-ri; whare 'da'n gilydd ar y ca' rygbi o'r cychwyn cynta, seiclo milltiroedd diddiwedd ar hyd hewlydd cefen gwlad, heb wbod yn iawn i ble wên ni'n mynd a hala penwthnose yn neud mwy na'n siâr o ddwlu ar nosweithi mas. Ma Ifan (brawd Tomos) neu Ifan Mebs (ie, chi wedi'i gweld hi!) yn ffrind agos arall, a na'th Daf fy mrawd, finne, Tomos ac Ifan dreulio gwylie haf niferus llawn sbort a sbri yng nghwmni ein gilydd dros y blynydde – yn cicio pêl, whare rygbi, helpu 'da'r bêls adeg gwair, rhedeg ar ôl defed, seiclo, heb anghofio'r nosweithi o siarad hyd berfeddion nos wrth wersylla mas mewn pabell dan ole'r lleuad. Dyna beth wedd hafau hir dibryder – llawn atgofion diniwed a melys dros ben.

Ry'n ni'r bois yn dal mewn cyswllt agos iawn; y clwb rygbi yng Nghrymych yn gyfle i fi ddala lan 'da nhw wrth fynd i sesiynau ymarfer, a'r gemau ar ddydd Sadwrn hefyd wrth gwrs. Dwi'n cofio Mam yn gweud ryw dro ei bod hi mor falch o'r ffrindie da na'th Elen, Daf a finne fel plant a phobol ifanc, a gyment ohonyn nhw'n parhau i fod ym mywyde'r tri ohonon ni o hyd. Do, fe fues i tu hwnt o lwcus o 'nghyfoedion; dwi'n trysori'r atgofion a'r dyddie cynnar yn fowr iawn ac yn dal i greu atgofion newydd gyda'r bois drwy fynd ar wylie 'da'n gilydd heb sôn am y 'nosweithi mas' yn clybio yng Nghaerfyrddin, Hwlffordd, Abertawe a llefydd erill amheus! Alla i fyth diolch digon i'r bois i gyd am eu cefnogaeth a'u cwmnïeth yn y cyfnod yn dilyn y ddamwen. Wedd rhywun ar 'facetime' 'da fi rownd a bowt a wedd hynny 'di cadw fi fynd, credwch chi fi!

Ysgol gymunedol wedd Ysgol Hermon, rhyw ddwy filltir o Grymych. Pan ddechreues i 'na, y brifathrawes wedd Mrs Maureen George. Gath hi ei phenodi i'r swydd dros dro yn 1997 ac fe na'th hi barhau yn y rôl tan Awst 2004 pan gaewyd Ysgol Hermon. Wedd gweld dryse'r ysgol fach yn cau am y tro ola yng Ngorffennaf 2004 yn brofiad anodd i sawl un, ond fydden i'n meddwl mai Mrs George wedd un o'r rhai na'th weld hi fwya anodd. Disgrifiodd hi'r cyfnod hynny fel "dyddiau tywyll a thorcalonnus iawn" iddi hi'n bersonol. Fel un wedd wedi dysgu yn Ysgol Hermon ers Medi 1975, teg dweud bod ei chyfraniad a'i dylanwad wedi bod yn sylweddol iawn ar blant a theuluoedd pentrefi Hermon, Y Glog a Llanfyrnach.

Wedd fy nghyfnod cynnar i yn yr ysgol yn un digon bishi, yn ôl pob tebyg. Heblaw am y gweithgarwch dyddiol sy'n rhan o fywyd ysgol ym mhob man, fel dysgu yn y dosbarth, mynychu teithiau undydd i wahanol leoliadau, mwynhau cwmni ffrindie ar iard yr ysgol amser whare, cystadlu yng nghystadlaethau'r Urdd, dysgu sgilie newydd gan gynnwys celf a chrefft, coginio, o ie a dysgu tablau, syms, sillafu ac ati... heblaw am hynny i gyd, wel bues i hefyd yn fishi yn protestio ar sawl achlysur! Ie, protestio! Wedd tipyn o anghytuno 'di bod ers 1998 pan na'th Cyfarwyddwr Addysg Sir Benfro gyhoeddi argymhelliad a fydde'n golygu cau chwe o ysgolion ardal y Preseli. Cyfnod digon ansicr wedd y cyfnod hwnnw i bawb, gyda rhieni Ysgol Hermon yn unfrydol am gadw'r ysgol ar agor. Yr argymhelliad wedd cau ysgolion cynradd Hermon, Blaenffos a Chrymych er mwyn creu ysgol newydd sef Ysgol Gynradd Gymunedol y Frenni. Ym Mai 2003 fe wnaethpwyd apêl i'r Cynulliad Cenedlaethol yn erbyn penderfyniad y Cyngor Sir i gau'r ysgol. Penderfynodd rhieni'r ysgol godi swm sylweddol o arian er mwyn herio'r Awdurdod Addysg yn yr Uchel Lys. Ond, methiant fu'r cyfan.

Er y brwydro di-ildio dros sawl blwyddyn, cau fu hanes yr ysgol. Wedd yr holl bwyllgora a threfnu protestiadau wedi tynnu pentre a chymuned Hermon yn agosach at ei gilydd gyda'r ymdeimlad o golled yn amlwg ymhlith y disgyblion a'u teuluoedd. Fe fuodd ein hanes ni ar y teledu ar y newyddion sawl gwaith, gyda'r cyfrynge'n dilyn hynt a helynt ysgol fach bentrefol arall yn brwydro'n angerddol yn erbyn cau ei dryse. Dwi'n cofio'r ffotograffwyr a'r gohebwyr papure'n dod o bell ac agos i Hermon. A do, yn wir, fe na'th llun ohona i gyda Tomos Mebs (pwy arall?!) wrth fy ochr a Tomos Evans ymddangos ar dudalen flân y TES sef y *Times Educational Supplement* ar ddydd Gwener, 25ain o Fehefin, 2004. Waw! Finne a'r ddou Domos a'n cegau led y pen ar agor yn gweiddi'n protest o'r galon. '*Small is beautiful*' wedd y geirie o dan y llun. Wel, fel 'na fuodd hi ac er i ni barhau i fynychu'r adeilad yn Hermon yn ystod tymor y Nadolig 2004, am gyfnod tra wedd gwaith adeiladu'n digwydd yng Nghrymych, wedd gwisg ysgol newydd 'da ni bellach ac enw newydd i'r ysgol sef Ysgol y Frenni.

Yn sgîl dyfodiad yr ysgol newydd wedd y cyfle i neud

ffrindie newydd. Nawr, fel wedd hi'n digwydd, wên i'n nabod sawl un o'r bois o Ysgolion Blaenffos a Chrymych eisoes, a hynny drwy'r clwb rygbi lleol – Ilan, Steffan a Dylan. Bydden ni'n cwrdd i ymarfer yn ystod yr wthnos ac yna, whare gêm ar y penwthnos. Sdim ishe gofyn felly beth fydden ni'n whare ar iard yr ysgol – wedd unrhyw gyfle i ga'l pêl rygbi yn 'y nwylo yn gyfle rhy dda i'w golli.

Dwi'n meddwl 'nes i addasu i Ysgol y Frenni yn itha rhwydd; wedd yr adeilad yn fwy wrth gwrs ond wedd wynebe cyfarwydd y staff dda'th lan 'da ni o Hermon yn fodd i ymgartrefu ni'r plant yn gynt yn bendant – Mrs Rhian White, Mrs Janet Rees a Mrs Jill Lewis. Ein Pennaeth yn Ysgol y Frenni wedd Mr Dai Llewellyn. Nawr, wedd hyn yn brofiad hollol newydd i fi; ca'l galw 'Syr' ar aelod o staff a finne 'di bod yn gyfarwydd â bod yng nghwmni sawl 'Miss' ers dechre yn yr ysgol. Wedd 'Syr' o hyd yn awyddus i wbod shwt wedd y rygbi tag yn mynd 'da ni, bois clwb rygbi Crymych. Braf cofio'n ôl i'r twrnameintiau llwyddiannus, pan nethon ni gynrychioli Ysgol y Frenni ynddyn nhw. Dwi'n cofio'n benodol am y twrnament yn Hwlffordd – Mawrth 26ain, 2007 – gyda 17 o ysgolion yn cystadlu ac Ysgol y Frenni yn ennill. Weden ni bo ni 'di ca'l hwyl arbennig arni'r dwrnod 'ny, achos sgorodd y tîm 45 cais i gyd, gan ildio dim ond tri! *'Impressive'*, yn wir!! (Rhaid bod ein *'defence coach'* ni wrth ei fodd!)

Wedd bywyd yn bendant yn fishi pan wên i'n grwtyn. Fel sawl teulu arall yn y pentre, wedd gyment o bethe mlân ar ôl orie ysgol – a wedd ambell ddwrnod yn llawn dop 'da fi. Dwi'n cofio, yn ddeg mlwydd oed, wedd dydd Mercher bob wthnos yn 'fflat owt'; ysgol drwy'r dydd, wedyn ymarfer côr rhwng 3 a 4 o'r gloch, Adran yn cwrdd rhwng 4 a 5.30, yna gwers biano ac wedyn ymarfer rygbi rhwng 7 ac 8 o'r gloch. Jiw, siawns 'mod i ddim yn ca'l unrhyw drafferth i fynd i gysgu ar nosweithi Mercher! Ond, ar ben hyn, wedd y Clwb Drama (dan ofal Eleri Mai) yn ymarfer bob wthnos, ymarferion rygbi'r Sir yn gyson, ysgol Sul a pharatoi ar gyfer cyrdde arbennig, cyngherdde, eisteddfode, heb sôn am ddathliade fel partïon pen-blwydd ffrindie a joio gyda'r teulu ar y ffarm gatre. Wedd bywyd yn grêt ma'n rhaid gweud. Sai'n gwbod yn iawn shwt wedd Mam a Dad yn dod i ben â phopeth – achos wedd Elen a Dafydd â dyddiaduron yr un mor llawn â finne a wedd isie carto ni i gyd i wahanol lefydd ar wahanol amsere! Wedd Mam-gu'n gorfod bod yn 'chauffeur' ychwanegol yn amal, achos wedd Dad druan yn fishi gyda'r gwartheg yn y parlwr godro ar gwmws yr un adege pan wedd isie liffts i bobman!

Ar un o'r achlysuron hynny pan wedd Mam-gu wedi dod i'n casglu ni o'r ysgol, wedd hi 'di gorfod rifyrso 'nôl i'r lôn fach rhwng Preswylfa (ei chartre yng nghanol pentre Crymych – y *city centre*!!) a siop D.E. Phillips, y Trydanwyr drws nesa. Rhyw ffordd na'th Mam-gu golli ei chanolbwyntio ac fe fwrodd hi ochor y car wrth fynd am 'nôl. Nawr wên i ddim yn gyfarwydd â chlywed unrhyw iaith anweddus yn dod o enau Mam-gu ond, gyda'r tri ohonon ni yn y car, do, fe wedodd Mam-gu y gair – "shit". Mae wedi bod yn destun sbort 'da ni ers y dwrnod 'ny bod Mam-gu wedi llwyddo i ehangu'n geirfa ni mewn modd mor greadigol!

Wên i'n joio'r Clwb Drama 'da Eleri Mai. Dwi'n cofio whare rhan John yn ein perfformiad o Peter Pan. Da'th y teulu i gyd i 'ngweld i ar y llwyfan mowr yn Theatr y Gromlech, Crymych, ar y noson gynta – Gorffennaf 11eg, 2007. Erbyn yr ail berfformiad, y noson ganlynol, dim ond Dad dda'th i 'ngweld i. Wedd Mam, Mam-gu, Daf, Nerys (efaill Mam) a'i dwy ferch, Luned a Cadi wedi bwrw bant am Goleg y Drindod i weld Elen, fy chwa'r, yn perfformio yn *Dan y Wenallt*, sef cynhyrchiad diwedddara Theatr Ieuenctid yr Urdd. Wedd rhannu'r dyletswydde o'n cefnogi ni'r plant yn rhywbeth naturiol, wrth gwrs i Mam a Dad (fel pob teulu arall mae'n siŵr). Neu 'na beth dwi'n gweud wrth fy hunan, ta beth, gan obitho na wedd safon fy actio mor wael â hynny'r noson gynta fel na wedd neb, heblaw am Dad druan, yn barod i ddod i 'ngweld i'r eildro!

Wên i siŵr o fod *on a roll* gyda'r busnes actio 'ma 'nôl yn haf 2007, achos 'na pryd 'nes i gystadlu fel rhan o dîm disgyblion 5 a 6 yng nghystadleuaeth y Cyngor Llyfrau i Ysgolion Cynradd. Y 4ydd o Orffennaf 2007 wedd hi, a Mam yn fy hebrwng i i Grymych erbyn wyth y bore i ddala'r bws i fynd i Aberystwyth. Wedd dou grŵp ohonon ni'n rhan o'r tîm, tri disgybl yn trafod a thri arall ohonon ni'n actio. Un o'r actorion wên i. Gath y grŵp trafod 35 o farcie mas o 50 am eu cyfraniade, wedd yn gosod ni'n ail mas o'r 15 ysgol wedd yn cystadlu'r dwrnod hwnnw. Dyfarnwyd 46 ½ o farcie mas o 50 i ni'r actorion; na'th hynny roi cyfanswm o 81 ½ mas o gant i ni. Ond, gydag un marc yn fwy Ysgol y Borth, Porthaethwy a'th â hi. Ond wên ni'n ail – dros Gymru gyfan, gydag Ysgol Pen Barras Rhuthun, Ysgol Eifion Wyn Porthmadog ac Ysgol y Castell, Caerffili yn rhannu'r drydedd wobr ar 81 o farcie. Wên ni wrth ein boddau, y disgyblion a'r staff. Wedd yr hanner marc ychwanegol wedi sicrhau'r ail safle i ni. Wên i mor bles! Dwi'n credu bod yr elfen gystadleuol 'na'n rhywbeth sy wedi bod yndda i erio'd. A 'ma hynny'n wir am Elen a Dafydd hefyd. Ni siŵr o fod yn ca'l e wrth Dad yn fwy na dim, er dwi'n meddwl, yn dawel bach, bo Mam yn berson itha cystadleuol 'fyd. 'Gwneud eich gore sy'n bwysig' fydde Mam yn gweud. Bydde Dad yn cytuno cant y cant, ond bydde fe o'r farn bod ennill yn bwysig 'fyd.

"Paid dala 'nôl," fydde cyngor Dad i fi cyn pob gêm – ma'n siŵr bod hynny yn y bôn yn gyfystyr â chyngor mwy gofalus Mam – "gwna dy ore!"

Wedd, wedd y dyddie cynnar yn ddyddie da tu hwnt. Dwi 'di gweud sawl gwaith pa mor ddyledus ydw i o ran fy magwreth – pwy isie unman gwell i fod yn gartre i chi nag ardal y Preselau a cha'l clos y ffarm fel iard whare, cwmni hwylus brawd a chwa'r, a rhieni gofalgar a chariadus. Wedd bywyd i fi yn grwtyn ifanc yn grêt!

Ffrindie rygbi, ffrindie oes

Un Ysbryd, Un Tîm, Saith Cwpan

AMBELL WAITH, JYST ambell waith ma 'na griw o fois yn dod at ei gilydd ac ma popeth yn clico! Pan ddechreues i whare rygbi tag yn saith mlwydd oed, prin bydden i 'di galler dychmygu'r llwyddiant wedd yn ein dishgwyl ni fel tîm yn ystod ein cyfnod yn Adran Iau Clwb Rygbi Crymych. I ddechre, wedd shwt gyment ohonon ni, fois, yn rial ffrindie da. A gweud y gwir, wên ni'n treulio dwrnode'r wthnos yng nghwmni ein gilydd yn yr ysgol ac wedyn, treulio rhagor o amser 'da'n gilydd ar y penwthnose yn whare rygbi, wherthin a thynnu co's yn ddiddiwedd. Felly, wedd 'na deimlad o frawdgarwch cryf rhyngon ni; wên ni'n barod i stico 'da'n gilydd a brwydro dros ein gilydd. Ac ma hynny'n elfen mor bwysig ar y ca' rygbi... yn ogystal ac oddi arno hefyd.

Dechreuodd y cyfan i ni 'nôl yn 2004, y tîm o dan 8 oed yn cystadlu am y tro cynta yng nghystadleuaeth Cwpan Sir Benfro. Wel, enillon ni! Y flwyddyn ganlynol, a ninne o dan 9 oed, wedd dim cystadleuaeth Cwpan ar ein cyfer ni, na chwaith o dan 10 oed. Ond, yn 2007 a ninne erbyn hynny yn whare o dan 11 oed, da'th llwyddiant unweth 'to. Ac felly fuodd hi, waeth pwy wedd y gwrthwynebwyr – Hwlffordd, Aberteifi, Arberth – wel, bydden ni'n dod i ben â choncro pawb.

Ma pobol yn amal yn gofyn i fi – "Wel, pam 'nest ti benderfynu whare bachwr, de?" Ma llawer yn credu taw dewis dilyn 'Nhad a hefyd 'y mrawd, Dafydd wedd y bwriad. Ond na, dim cweit. Yn safle'r canolwr wên i'n whare hyd at 12 mlwydd oed pan na'th Hywel Wyn Jones, un o hyfforddwyr y tîm a thad Ilan, ein mewnwr ni, weud wrtha i am drial safle'r bachwr. Wên i ddim yn siŵr ar y pryd, a wedd hynny'n syniad da neu beidio. Wedd Mam yn bendant yn anfodlon ac fe wedodd hi wrth Hywel, gyda'i thafod yn ei boch,

"Ma Ifan yn rhy bert o lawer i whare'n y rheng flân, Hywel!"

Ond ta beth, dyna ddigwyddodd, ac wrth dyfu'n hŷn nes i witho'n galed ar ddatblygu sgilie hanfodol y bachwr, fel towlu miwn i'r lein a hanfodion sgrymio. 'Nes i ddysgu lot wrth Dad yn amlwg, ond fe na'th e gyfadde bod rôl y bachwr yn 'i amser e yn wahanol iawn i'r hyn sy bellach yn ddisgwyliedig gan fachwr rhanbarthol a rhyngwladol. Felly, ma'r diolch i Hywel mai'r crys rhif 2, crys y bachwr wedd ar 'y nghefen i o 12 mlwydd oed mlân. Ac erbyn hyn, ma Mam wedi maddau'r cwbwl iddo!

Yn 16 oed felly, wedd ein cyfnod ni'n dirwyn i ben fel chwaraewyr iau y clwb. Erbyn hyn, wên ni heb golli'r un ffeinal yng nghystadleuaeth Cwpan Sir Benfro. A'r gobeth, wrth gwrs, wedd mynd am y seithfed fuddugoliaeth. Aberteifi wedd ein gwrthwynebwyr. Wedd hi'n gêm ddigon agos a gweud y gwir ond Crymych a orfu. Digon yw dweud bod un rhiant optimistig, sef Gareth Howells, tad Steff, wedi bod mor ffyddiog mai ennill fydde'n hanes ni y dwrnod hwnnw, fel ei fod wedi trefnu bod cryse wedi ca'l eu hargraffu i ni fois eu gwisgo'n syth wedi'r gêm a'r rheiny'n gweud –

'Un Ysbryd, Un Tîm, Saith Cwpan!'

Sai'n siŵr wir beth fydde Gareth 'di neud gyda'r holl gryse T os na fydden ni 'di ennill y gêm! Tipyn o gymeriad!

Wedd sawl hyfforddwr 'di bod gyda ni dros y blynydde (rhai ohonyn nhw wedi aros 'da ni o'r cychwyn cynta) – Hywel

Wyn Jones, Ian Harris, Mike James a 'Nhad hefyd. Fe na'th 'Nhad aros gyda ni fel hyfforddwr wrth i ni symud mlân i whare gyda'r tîm ieuenctid hefyd ac am gwpwl o flynydde fe na'th Dafydd 'y mrawd a finne'n whare da'n gilydd o dan ei hyfforddiant e. A jiw, do, gethon ni lwyddianne di-ri fel tîm ieuenctid hefyd. Trwy'r blynydde, wedd ennill wedi dod yn arferiad, a hynny wrth gwrs yn ein hysbrydoli ni, fois, i fod yn itha penderfynol na wedd dim colli i fod! Yn nhymor 2014/15 enillon ni'r Gynghrair yn gyfforddus gyda sawl gêm yn weddill heb eu whare. Dyma'r pedwerydd tro yn olynol i'r tîm ieuenctid ennill y Gynghrair. Ac unweth yn rhagor, llwyddodd y tîm a ddechreuodd o dan 8 oed 'nôl yn 2004 i gyrradd rownd derfynol Cwpan Sir Benfro. Y gwrthwynebwyr y tro hwn wedd Aberystwyth, gyda'r gêm yn ca'l ei whare ar gaeau Clwb Rygbi Aberteifi.

Dan gapteniaeth Guto Davies, profodd Crymych yn drech nag Aberystwyth – ennill o 41 pwynt i 12 wedd y canlyniad terfynol. Sgorodd Crymych saith cais: yr asgellwr dawnus, Dylan Thomas yn sgorio un, y canolwr talentog Ifan Rees Phillips (Ifan Mebs) un arall, ac wedyn, rhyw fachwr o'r enw Guto Ifan Phillips yn sgorio'r pump cais arall! Wedd hi'n dipyn o gêm, wir. Jake Jenkins wedd yn gyfrifol am y trosiade. Dyma'r drydedd waith o'r bron i'r tîm ennill Cwpan Sir Benfro. Yn ogystal â sgorio pum cais, ges i garden felen a hefyd fy enwi'n 'Seren y Gêm.' *All or nothing* wedd hi'r nosweth honno!!

Yn amlwg, wedd y fuddugoliaeth yn golygu lot i ni'r bechgyn, ond yn fwy na hynny, wedd hi'n noson emosiynol iawn i ni, chwaraewyr hŷn y garfan, am mai dyma'r tro olaf y bydden ni i gyd yn cyd-whare fel ieuenctid y clwb. Wedd cyfnod arbennig yn dod i ben i ni ac erbyn hyn, wedd y whare tag o dan 8 oed yn atgof pell yn y gorffennol. Yn dilyn y gêm, na'th y bois hŷn gyflwyno rhodd arbennig i 'Nhad, fel un a fu'n ein hyfforddi'n ddi-dor dros gyfnod o ddeuddeg mlynedd. Wedd ein llwyddiant dros yr holl flynydde yn nodedig ac yn sbesial iawn, ond wedd y cwmni a'r cymdeithasu hyd yn oed yn fwy sbesial. Hyfryd yw galler gweud bod y gwmnïeth yn parhau – gyda ni'r bois yn ogystal â'n rhieni ni! Fe na'th *Pembrokeshire Sport* grynhoi'r gêm yn y pennawd a ymddangosodd rai dwrnode'n ddiweddarach:

Five try Phillips powers young Preseli men to deserved win
Crymych Youth's powerhouse hooker, Ifan Phillips was the toast of his colleagues and their large band of supporters as he scored an amazing FIVE tries against their counterparts from Aberystwyth.

Tudor Harris wedd yr hyfforddwr arall 'run pryd â 'Nhad ac yn sicr ma fe wedi rhoi yn hael o'i amser a'i brofiad dros gyfnod maith i hyfforddi bois ar draws Sir Benfro a Cheredigion. Ma 'Nhad a Tudor yn nabod ei gilydd ers blynydde; bu Tudor yn hyfforddi Dad pan wedd e'n whare 'da Ieuenctid Aberteifi flynydde'n ôl. Pan enillodd 'Nhad ei gap cynta dros Gymru mas yn Ffrainc ar Chwefror 7fed 1987, wedd Tudor a'i frawd, Alun wedi trafeili mas 'na gyda Mam a'i ffrind Hafwen i fod yn rhan o'r achlysur yn Parc des Princes. Wes, ma tipyn o hanes rhwng Tudor a Dad. O sôn am y tîm ieuenctid, alla i fyth peidio â chyfeirio at Gary (Gonc) Phillips, sef rheolwr y tîm, Euros Edwards (Cymorth Cynta) a Huw Dŵr (sdim isic csboniad pellach sai'n credu!) am eu rôl nhw wrth gadw trefen arnon ni, fois ifanc. Pan dwi'n edrych 'nôl ar y cyfnod 'na, pan fues i'n whare o 8 oed i 19 mlwydd oed, wel dwi'n teimlo'n freintiedig 'mod i 'di ca'l bod yn rhan o dîm mor nodedig. Atgofion melys tu hwnt sy 'da fi o'm dyddie ifanc gyda Chlwb Rygbi Crymych, felly.

Wrth gwrs, wedd y gêm Gwpan 'na'n erbyn Aberystwyth pan sgories i bump cais yn un o'r rhesyme, weden i, am dderbyn y cynnig i fynd i whare 'da Cwins Caerfyrddin.

Achos, derbynies i alwad ffôn wrth Paul Fisher, sef un o hyfforddwyr y Cwins whap wedyn.

Wedd yr agosatrwydd cynnes wedd rhyngon ni, fois Clwb Crymych yn deillio o'r ffaith ein bod ni hefyd yn whare 'da'n gilydd yn rheolaidd yn enw'r ysgol – Ysgol y Preseli, a hynny dan hyfforddiant Mr Gethin Vobe a Mr Marc Lloyd, ein hathrawon Addysg Gorfforol. Teg dweud ein bod wedi ennill ein siâr o gemau wrth ddringo lan drwy'r gwahanol oedrannau. Wedd Mr Michael Davies, Pennaeth yr ysgol yn ymddiddori yn ein hanes ni yn amal, whare teg iddo, er wên ni, y bois rygbi, yn hollol ymwybodol mai'r bêl gron wedd ei gariad cynta; bydden ni'n clywed ei lais cyfarwydd yn sylwebu ar y rhaglen chwaraeon *Sgorio* yn gyson. Wedd cyfleoedd di-ri yn dod i'n rhan ni (rhwng y clwb rygbi a'r ysgol) i whare rygbi – cystadlaethau chwaraeon yr Urdd, cystadleuaeth Rosslyn Park (wedd yn dipyn o brofiad), teithio i Iwerddon 'da'r clwb, teithio i'r Eidal gyda thîm Sir Benfro, cystadleuaeth Cwpan Ysgolion Cymru a thwrnameintiau saith bob ochor niferus. A bod yn onest, wên i'n cyfri'n hunan yn lwcus tu hwnt 'mod i'n ca'l y cyfle i whare rygbi mor gyson a hefyd ca'l shwt hwyl yng nghwmni criw sbesial o ffrindie.

Yn Ebrill 2014, a finne yn 'y mlwyddyn ola yn yr ysgol, fe lwyddodd tîm rygbi dan 18 oed yr ysgol i gyrradd y rownd derfynol yng nghystadleuaeth Cwpan Ysgolion Cymru. Er bod timau dan 14 a dan 16 yr ysgol wedi llwyddo yn y gorffennol i gyrradd y rownd derfynol, dyma'r tro cynta i'r tîm dan 18 neud hynny, felly wedd hyn yn dipyn o gamp i'r ysgol ac wrth gwrs, i ni'r bechgyn a'n hathrawon.

Yr wythwr, Steffan Howells wedd ein capten ni a dechreuodd yr ymgyrch bant yn erbyn Ysgol Dyffryn Teifi fis Tachwedd 2013. Enillon ni'n gyfforddus o 55 pwynt i 10. Bythefnos wedyn, teithio i Ysgol Aberhonddu nethon ni a wynebu gwrthwynebwyr anoddach. Ond ennill wedd yr hanes eto o 20 pwynt i 7. Ac felly, dyma ni yn yr wyth ola!

Unweth 'to, whare bant wedd y drefen yn y rownd nesa yn erbyn Ysgol y Strade'r tro hwn. Wedd hi'n gêm gystadleuol iawn gyda'r sgôr terfynol yn 15 i 6 i Ysgol y Preseli. Am y pedwerydd tro yn y Cwpan, fe deithion ni bant i whare, y tro hwn, yn y rownd gynderfynol ar y 5ed o Fawrth yn erbyn Ysgol Bryntirion. Wên ni ar y blân o 14 pwynt i 10 a deg munud o amser whare yn weddill ar y cloc. Gorfu i ni amddiffyn yn ddewr tan y diwedd, o dan bwyse cynyddol whare ymosodol bois Bryntirion. Ond ennill fu'r hanes, unweth 'to. Felly, wên ni yn y ffeinal a thrip arall yn ein dishgwyl ni'r bois. Ond wedd fowr neb yn cwyno y tro hwn bod yn rhaid teithio oddi cartre i whare, achos taw am Stadiwm y Mileniwm wên ni'n anelu. 'Na beth wedd teimlad grêt!

Ar yr ail o Ebrill, 2014 wedd pentre Crymych yn dawelach nag arfer, achos wedd dros hanner yr ysgol a'r pentre wedi mynd i gefnogi bois y tîm dan 18 yng Nghaerdydd. Wedd y stumog yn troi – sdim pwynt gwadu hynny! Wedd mowredd yr achlysur wedi ein bwrw ni yn bendant wrth i'r bws ddreifio i mewn drwy iete'r Stadiwm. Llanisien wedd y gwrthwynebwyr a na, chethon ni mo'r diweddglo perffeth. Fe gollon ni yn y rownd derfynol. Wên ni i gyd yn hynod siomedig, ond ma cofio am y dwrnod yn dal i'm llenwi â balchder mowr. Wedd e'n achlysur arbennig i ni fel chwaraewyr ifanc, ein teuluoedd ni, staff yr ysgol a hefyd y gymuned yng Nghrymych. Ma'r bartneriaeth agos sy wedi bodoli erio'd rhwng Ysgol y Preseli a'r clwb rygbi lleol wrth feithrin talentau ifanc y fro yn ca'l ei chydnabod yn agored, a braf o beth yw hynny mewn pentre bach gwledig fel Crymych. Yn bersonol, wên i'n teimlo bo'r hyn wên i'n dysgu mewn sesiynau hyfforddi 'da'r clwb neu'r ysgol yn trosglwyddo'n naturiol i ba dîm bynnag bydden i'n ei gynrychioli. Un o'r dywediade doeth fydde Mr Vobe yn gweiddi arnon ni fois yn gyson yn ystod sesiynau ymarfer ac yn ystod gemau wedd,

"Dwy law ar y bêl, fechgyn!"

41

Ma 'na lun ohona i, yn fy nghyfnod gyda'r Gweilch, sy'n fy atgoffa mor glir o eirie fy nghyn-athro; y bêl yn saff yn fy nwy law a geirie Mr Vobe yn atseinio yn fy nghlustie. Wedd y berthynas rhyngon ni fois ag athrawon chwaraeon Ysgol y Preseli yn un agored a gonest. Wên nhw'n gwbod cystal â neb beth wedd ein cryfdere (a'n gwendide ni) fel chwaraewyr. Erbyn hyn, dwi'n ca'l y cyfle i helpu mas 'da hyfforddi tîm y Preseli Babas, sef tîm sy'n cynnwys nifer o gyn-chwaraewyr o Ysgol y Preseli sy'n cystadlu ar draws y byd mewn cystadlaethau saith bob ochor. Mr Gethin Vobe yw prif hyfforddwr y tîm. Mae'n grêt ca'l parhau i fod mewn cyswllt 'da fe a cha'l dala lan o bryd i'w gilydd mewn sgwrs am yr hen amsere. 'Lloydy' wên i'n galw Mr Marc Lloyd a wedd e'n llwyddo i ga'l y gore mas ohonon ni ar y ca' rygbi yn gyson; bydde fe'n siarad yn streit 'da ni, wedd e'n berson dibynadwy o ran ei farn a'i gyngor ac fel Mr Vobe, yn un na'th gadw mewn cysylltiad agos â fi yn dilyn y ddamwen.

Nid yn unig fel hyfforddwyr rygbi wên i'n adnabod Mr Vobe a Mr Lloyd ond hefyd fel athrawon yn yr ystafell ddosbarth. Fel mae'n digwydd, wên i'n astudio Addysg Gorfforol fel un o 'mhyncie Safon Uwch ac felly fe fydden i'n cyflwyno traethode ac asesiade yn gyson i'r ddou ohonyn nhw, yn ogystal. Wedd strwythur y cwrs yn fy siwtio i'r dim, sef cwbwlhau gwaith cwrs yn rheolaidd yn hytrach na sefyll arholiad ar ddiwedd y ddwy flynedd. Wên i'n hynod o bles gyda chanlyniade arholiade Safon Uwch ym mis Awst 2014, A*a dwy A (a wedd Mam yn hapusach fyth!!) Do, fe ges i wahoddiad i fod yn y llun blynyddol o'r disgyblion wedd 'di perfformio ore yn yr ysgol y flwyddyn honno. Fore trannoeth wedi'r canlyniade, dwi'n cofio ishte 'na'n gwenu o glust i glust wrth dynnu'r llun – er na wedd y pen yn rhyw glir o gwbwl y bore hwnnw ar ôl dathliade'r noson gynt!

Felly, fe dda'th pennod hollbwysig yn 'y mywyd i i ben y dwrnod hwnnw; ffarwelio gyda staff a ffarwelio 'da adeilad wedd 'di bod fel ail gartre i fi ers saith mlynedd. Dwi wedi bod 'nôl yn ymweld â'r ysgol ers hynny, er mwyn gwneud cyflwyniad i ddisgyblion sector cynradd Ysgol Bro Preseli gan fwynhau'n fowr iawn yn eu cwmni. Bellach, dwi 'di ca'l y cyfle i rannu fy meddylfryd yn dilyn y ddamwen gyda disgyblion sawl ysgol arall hefyd a hyfryd yw derbyn sylwade caredig y staff a'r plant yn dilyn yr ymweliadau hyn.

Ma'r rhod wedi troi yn gyfan erbyn hyn o ran fy nghysylltiad â Chlwb Rygbi Crymych. Dwi'n rhan o'r tîm hyfforddi ers 2022 gyda chyfrifoldeb penodol am y blaenwyr ac amddiffyn y tîm. Dwi 'di ca'l pleser mowr yn cydweithio gyda'r hyfforddwyr a'r chwaraewyr dros y blynydde dwetha; gyda sawl un o'r chwaraewyr wedd yn perthyn i'r tîm arbennig 'na o dan 8 oed flynyddoedd yn ôl yn dal i whare! Wedd hi'n achlysur cofiadwy i fi, 'y mrawd a'r teulu pan na'th Crymych ennill dyrchafiad o Adran Un y Gorllewin i Adran y Bencampwriaeth ar ddiwedd 'y nhymor cynta o hyfforddi yn 2023. Yn ogystal, i goroni'r tymor, llwyddodd Crymych i ennill Cwpan Sir Benfro o 20 pwynt i 10 mewn gêm a chwaraewyd ar gaeau Hen-dy-gwyn ar Daf yn erbyn Tîm Datblygu Arberth. Wedd hi'n noson hyfryd i ni fel teulu am mai Dafydd, 'y mrawd, gath ei enwi yn Seren y Gêm.

Former Ospreys star Ifan Phillips helps boyhood club to promotion 18 months after losing leg in horror crash

Dyna bennawd adroddiad John Jones ar *WalesOnline* yn dilyn y gêm. Wedd hi'n ddigon rhyfedd i feddwl 'mod i wedi cyrradd y pwynt 'ma yn 'y mywyd mewn deunaw mis. A bod yn onest, alla i byth esgus bod y daith 'di bod yn rhwydd, ond wedd bod yng nghwmni ffrindie a theulu y nosweth honno wedi rhoi hwb anferthol i fi. Y gwir yw, fe fydden i 'di dwlu bod ar y ca' yn whare gyda'r bois, yn rhan o'r gêm ac i deimlo'r cyffro. Ond rhaid cyfadde hefyd 'mod i wedi teimlo ryw foddhad mowr o fod yn sefyll ar ochr y ca' yn gweiddi, trefnu a chefnogi. A do, fe dda'th cwpan arall 'nôl i Grymych nos Wener, 19eg o Fai 2023. Ar ôl y gêm, a'th y dathliade mlân tan hwyr y nos yng Nghlwb Rygbi Hen-dy-gwyn. A phwy wedd 'da ni yn gwmni? Wel, neb llai na Gareth Howells, boi y cryse T, yn ail-fyw atgofion o'r gorffennol...

'Un Ysbryd, Un Tîm, Saith Cwpan!'

Ma pobol angen pobol

Josh

GWRDDES I â Josh am y tro cynta yn y Vale yng Nghaerdydd yn ystod paratoade tîm Cymru dan 20 oed ar gyfer y Chwe Gwlad 'nôl yn 2016. Y peth cynta 'nes i feddwl wedd bod e'n slabyn o foi, felly wên i'n gwbod yn iawn mai dim bachwr wedd e! Wedd tipyn o siarad amdano – yn fachan 6 troedfedd 4 modfedd, ymhell dros 100 cilogram o ran ei bwyse a dim ond deunaw mlwydd oed wedd e ar y pryd. Heblaw am ei nodweddion corfforol, un peth amlwg iawn am Josh wedd ei bersonoliaeth liwgar. Wedd e'n grwtyn hyderus, tu hwnt o hoffus ac yn aelod hynod boblogedd o'r garfan – wedd amser 'da fe ar gyfer pawb. Ma Josh wedi bod yn un am dynnu co's erio'd, ma 'da fe wên lydan bob amser a dyw e ddim yn cymryd bywyd ormod o ddifri.

Wedd Josh wedi ei anafu ar y pryd, a bod yn onest wedd e, fwy neu lai, yn byw a bod yn ystafell y ffisio. Yn anffodus i Josh, na'th e ddiodde'n ddiddiwedd gyda gwahanol anafiade o un tymor rygbi i'r llall – pen-glin, pigwrn, ysgwydd, trwyn a gên. Druan ag e, wedd e 'di gorfod ca'l llawdriniaethe di-ri cyn cyrradd ei ben-blwydd yn un ar hugen mlwydd oed. Fydde fe ddim yn dod ben â whare mwy na phedair neu bum gêm yn olynol cyn ca'l anaf a hynny yn ei rwystro wedyn rhag whare'r gêm am fisoedd di-ben-draw. Anlwc yn ôl rhai, ond i un wedd wedi ei weld yn whare'r gêm fwy nag unweth, wên i ddim yn synnu ei fod e'n diodde mor gyson gydag anafiade difrifol. Er ei fod e'n grwtyn hynod o ffein oddi ar y ca', wedd e'n gymeriad hollol wahanol y funud bydde fe'n camu ar y ca' rygbi, bydde fe'n towlu ei bwyse o gwmpas, whare yng ngwynebe ei wrthwynebwyr ac yn dwlu ar agwedd gorfforol y gêm. Dwi'n hynod o falch i weud mai 'gyda' Josh ac nid yn ei 'erbyn' e 'nes i whare bob tro! Enillodd Josh gapie dros Gymru o dan 16 ac o dan 18 oed, ond yn anffodus, oherwydd anaf, enillodd e erio'd gap o dan 20 oed. Parhau na'th yr anafiade a gâi Josh, ac felly yn dilyn nifer fechan o ymddangosiade yn unig dros y Gweilch, yn 23 mlwydd oed gorfu i Josh ddirwyn ei yrfa rygbi i ben.

'Opposites attract' yw'r dywediad Saesneg sy, o bosib, yn disgrifio'n addas shwt na'th Josh a finne ddechre dod yn ffrindie. Wên ni'n gymeriade itha gwahanol i'n gilydd a gweud y gwir – fe'n llawn hyder, a finne'n grwtyn cymharol swil a thawel. Wên i'n wyneb dierth i bawb o 'nghwmpas yn y garfan a wir yn teimlo 'mod i ddim cweit yn ffito miwn yn yr awyrgylch newydd, anghyfarwydd 'ma. Mewn sefyllfa o'r fath, fy ymateb greddfol i wedd cadw 'mhen lawr; y nod yn syml wedd jyst canolbwyntio ar y rygbi.

Bryd hynny, wên i ddim yn rhyw hyderus iawn yn fy ngallu i gyfathrebu trwy gyfrwng y Saesneg. Wel a gweud y gwir, bach iawn o'r iaith fydden i'n ei defnyddio yn fy mywyd bob dydd; Cymra'g wedd iaith 'y nghartre, Cymra'g wedd cyfrwng fy addysg a Chymra'g wedd fy ffrindie a finne'n siarad bob dydd. Felly, pan wedd cyfle, wên i'n hynod o falch o ga'l gair bach clou yn y Gymra'g gyda Josh Mcleod a Dan Jones yn ystod y sesiynau ymarfer, er mwyn trial setlo'r nerfe. Yn ddigon naturiol, wedd canran uchel o'r garfan eisoes yn nabod ei gilydd yn dda, am fod nifer ohonyn nhw naill ai'n whare, neu'n ymarfer gydag un o'r rhanbarthau. Wedd grŵp mowr yn gysylltiedig â Chaerdydd, sawl un o'r bois gyda'r Gweilch, a'r gweddill gyda'r Scarlets neu'r Dreigiau. Felly, wedd grwpie o ffrindie wedi eu sefydlu o fewn y garfan yn barod, gyda nifer o'r bechgyn wedi cynrychioli eu gwlad o dan 16 ac

18 oed, neu wedi whare yn erbyn ei gilydd mewn gemau rhanbarthol neu yng Nghynghrair y Colegau. Wedd hyn i gyd yn hollol i'r gwrthwyneb i 'mhrofiad personol i; wên i ddim wedi cynrychioli 'ngwlad ar unrhyw lefel yn oedran ysgol. Whare 'da Crymych 'nes i trwy gydol fy ngyrfa cyn ca'l tymor o brofiad 'da Cwins Caerfyrddin – a 'na gyd!

Yn amlwg, er mwyn bod yn chwaraewr rygbi llwyddiannus, ma sawl peth i'w ystyried: ma angen deall strwythur y gêm, sy'n hanfodol, hefyd y gallu i ddarllen y gêm yn dda, datblygu sgilie sylfaenol effeithiol, yn ogystal â sgilie safle penodol fel towlu miwn i'r lein, sgrymio ac adeiladu'r corff er mwyn galler ymdopi ag agwedde corfforol y gêm. Ond un peth arall 'nes i ddysgu yn y cyfnod yma wedd pa mor bwysig yw hi i adeiladu perthynas 'da'r chwaraewyr oddi ar y ca'. Wrth edrych 'nôl ar bethe, wel dyna'r agwedd 'nes i weld yn itha anodd. Wedd Josh wedi sylwi ar hyn. Yn dilyn fy sesiwn ymarfer gynta, ac wrth giwio am fwyd, da'th e lan ata i'n syth, rhoi ei fraich rownd fy ysgwydd a chyflwyno ei hun yn ei acen Castell-nedd gref, a gwên gynnes ar ei wyneb,

"*Alright mate? I'm Josh.*"

'Nes i ymateb trwy weud "Ifan" a shiglo ei law. Trodd ei wên yn wherthiniad. Wedd yr enw yn amlwg yn un anghyfarwydd iddo; sai'n siŵr sawl 'Ifan' wedd e 'di dod ar ei draws yng Nghastell-nedd! Wel, hales i dipyn o amser i f'yta fy mhryd bwyd, achos na'th Josh ddim stopo siarad a holi cwestiyne! Fe 'nes i deimlo gyment yn fwy cartrefol ar ôl y sgwrs 'na. Wên i bron yn ffeilu credu bod rhywun fel Josh, wedd mor boblogedd o fewn y garfan, yn hala'i amser yn 'y nghwmni i. Ond, wedi hynny, y gwir amdani yw, mai ychydig iawn o amser 'nes i dreulio gyda Josh yn ystod cyfnod y Chwe Gwlad. Mas ar y ca' ymarfer yn canolbwyntio ar y rygbi bues i fwya, tra wedd Josh yn hala'i amser yn y stafell bwyse, yn neud ei waith *rehab* er mwyn galler ca'l ei hun 'nôl i ffitrwydd llawn ar gyfer dychwelyd i'r ca' rygbi. Ond, yn anffodus i Josh, ddigwyddodd hynny ddim ar gyfer y Chwe Gwlad y flwyddyn honno. Yn dilyn llwyddiant tîm Cymru dan 20 yn y Chwe Gwlad, fe dda'th cyfleoedd newydd i'm rhan. 'Nes i ffarwelio gyda Cwins Caerfyrddin a mynd i whare 'da Castell-nedd a'r Gweilch – dyma glwb lleol Josh a'r rhanbarth wedd e wedi ei gynrychioli fel chwaraewr ifanc. Unweth 'to, prin iawn wedd y cyfleoedd ges i whare rygbi gyda Josh, am fod ei anafiade yn ei gadw fe ar yr ystlys ac yn ei wneud yn ymwelydd cyson â stafell y ffisiotherapydd. Er hyn, bydden ni'n gweld ein gilydd yn amal iawn yn y stafell bwyse ac fe fydde'r awr yn hedfan heibio wrth sgwrsio a wherthin 'da'n gilydd. A dyna wir ble na'th y berthynas rhwng y ddou ohonon ni ddatblygu go iawn. Wedd Josh a finne'n joio cadw'n ffit. Ar ddiwedd dwrnod o ymarfer, fe fydden ni'n amal iawn yn trafeili draw i Aberafan a mynd i'r stafell bwyse am yr eildro am sesiwn arall o ymarfer corff.

Yn ystod y cyfnod 'ma, wên i'n rhannu tŷ yn Aberafan gyda dou arall wedd yn gysylltiedig â'r Gweilch, sef Alex Jeffries y prop pen tyn o Gasnewydd, a ffisio ifanc o Portsmouth o'r enw Dan Maru, wedd ar brofiad gwaith gyda'r Gweilch. Ond er mai tŷ i dri wedd hwn i fod, wel wedd Josh mwy neu lai yn byw 'da ni 'fyd. Bydde fe'n hala'i amser i gyd draw gyda ni yn y tŷ yn Aberafan, er ei fod e'n byw yn ddigon agos i fynd gatre i Gastell-nedd bob nos! Jiw, gethon ni lot o sbort! Rhaid cyfadde 'mod i 'di joio mas draw yn ystod fy nghyfnod yn Mount Pleasant, Aberafan.

Dydd Mercher wedd ein dwrnod rhydd ni o ran ymarfer gyda'r Gweilch. Ond pe baech chi'n diodde 'da anaf, fel bydde Josh fel arfer, wedd dishgwyl i chi fynychu sesiwn *rehab* yn Llandarsi ar y dwrnod hwnnw. Wel, bydde amser cinio'n cyrradd a heb roi unrhyw gnoc na dim ar y drws, pwy fydde'n cerdded miwn a neud ei hunan yn hollol gartrefol yn y tŷ ond Josh. Fel arfer, bydde'r pedwar ohonon ni'n penderfynu mynd am goffi rhywle, neu whare cardie, neu fynd am dro lawr i'r tra'th yn Aberafan. Ma Josh yn bendant yn berson sy'n dwlu ar y môr – yn joio padl-fyrddio, caiacio a physgota. Yn ystod misoedd yr haf, fe fydde fe'n parcio'i gar tu fas y tŷ gyda'r padl-fwrdd ar do'r car, gan fynnu ein bod ni i gyd yn mynd lawr gyda fe i'r tra'th. A wedd e'n dod i ben â pherswadio'r tri ohonon ni i fynd 'da fe bob tro. Mas ar y môr, wedd Josh yn fachan medrus ac yn ddigon cyfarwydd â sefyll ar y padl-fwrdd; wedd e'n neud i bopeth edrych mor rhwydd! Y gwir yw wedd y tri arall ohonon ni'n hala mwy o amser yn y dŵr na wên ni ar y bwrdd. Sôn am fod yn anobeithiol!

Wedd Alex Jeffries yn pwyso 125 cilogram, felly wedd y dasg o sefyll ar y padl-fwrdd (heb sôn am ddim byd arall!) yn un ddigon heriol iddo fe, druan a wedd Josh yn hollol ymwybodol o hyn wrth gwrs. Bydde Josh yn wherthin yn uchel wrth weiddi'r cyfarwyddiade mwya elfennol iddo, er mwyn trial ei ga'l i sefyll ar y padl-fwrdd. Yn y pen draw, fe benderfynodd Alex jyst aros yn y caiac – weden i bod e 'di danto braidd ar gwmpo miwn i'r dŵr yn ddiddiwedd! Wên i dipyn yn ysgafnach nag Alex ac yn dod i ben â neidio ar y bwrdd rywfaint yn haws, diolch byth! Fe dreulion ni orie di-ri lawr ar y tra'th yn Aberafan. Teg dweud ein bod ni'n amal yn teimlo bod y dwrnode hynny yn pwlffagan ar y padl-fwrdd wedi troi mas i fod yn fwy o *work out* i ni na dwrnode hyfforddi 'da'r Gweilch! Atgofion da a dweud y gwir.

O'r ca' rygbi, y stafell bwyse a dŵr y môr, i feicie modur. Am ryw reswm, dechreuodd Josh a finne ymddiddori yn y peirianne 'ma – wedd y syniad o fod yn berchen ar feic modur yn rhywbeth wedd yn cyffroi y ddou ohonon ni. Wedd e hefyd yn rhoi cyfle i ni gyfuno sawl peth wên i'n joio neud – bod mas yn yr awyr agored a hefyd, ca'l y siawns o fynd o un lle i'r llall i ymweld â llefydd gwahanol, i yfed coffi a whare cardie! Amseron ni'r cyfan yn berffeth gyda'r ddou ohonon ni'n llwyddo i basio'n prawf yn ystod yr un wthnos. Mewn dim, wedd 'da ni feic yr un. Wedd steil y ddou dipyn yn wahanol, cofiwch. Dewis Josh wedd Kawzaki Volcan du, 'bobber' i'r rhai ohonoch chi sy'n deall y derminoleg am feicie, a finne wedyn yn dewis Triumph Scrambler Khaki 2017. Yr hyn wedd yn bwysig i Josh wrth ddewis ei feic wedd ei edrychiad – bod e'n edrych yn smart; ond i finne, ar y llaw arall, wel, wên i isie beic wedd tam' bach mwy ymarferol – un a fydde'n galler ymdopi 'da'r feidir anwastad tuag at y ffarm gatre!

Un bore, fe benderfynodd Josh, Jake (ei frawd hŷn) a finne i fynd am sbin i gyfeiriad Aberystwyth. Wrth wisgo'n helmed, wên i'n teimlo 'mod i'n ca'l gwared ar bob gofid a taw dim ond bod ar y beic wedd yn bwysig, a dim arall. Dwi'n barod i gyfadde 'mod i'n dal i weld isie'r teimlad 'na o ryddid wên i'n 'i ga'l wrth fynd ar 'y meic. Mae mor anodd ei ddisgrifio fe a gweud y gwir – rhyw dawelwch mewnol a bodlonrwydd pur yn gymysg â'i gilydd. A wedd ca'l cwmni dou ffrind da yn goron ar y cyfan. Ta beth, ar ôl gadel Aberystwyth tua tri o'r gloch y pnawn, fe benderfynon ni fynd i gyfeiriad gatre er mwyn galw heibio'r ffarm i weld Mam a Dad cyn dechre ar y daith 'nôl i Gastell-nedd. Fi wedd yn arwen y ffordd. Nawr, ma'r feidir i'r Hafod yn rhyw hanner milltir o hyd ac yn ddigon anwastad mewn mannau. Dechreues i'r ffordd lawr y feidir yn ara bach, gyda'r Triumph yn neud jobyn da o ddelio â'r twlle, whare teg. Yn anffodus i'r ddou wedd yn dilyn, nid yr un wedd yr hanes! Rhyw hanner ffordd lawr y feidir i'r ffarm, a finne bellach yn ffeilu clywed sŵn cyfarwydd beic Josh y tu ôl i fi, arafes i lawr, rhoi 'y nhro'd ar y llawr, troi rownd a cha'l cip-olwg cyflym i weld a wedd Josh a Jake yn dal i ddilyn. A dyna ble wedd y ddou frawd, yn y clawdd! Wel, fe fues i'n wherthin a wherthin am sbelen hir! Wedd y twlle yn y feidir, o ganlyniad i dywydd gwael, traffig trwm y tanceri lla'th a'r tractors, wedi bod yn ormod o her i'r ddou feic bach 'bobber'. Mae'n saff gweud taw dyna'r tro dwetha i Josh a Jake fynd lawr ar eu beicie i'r Hafod!

Yn amlwg, fe na'th Josh whare rôl allweddol iawn ym mhopeth ddigwyddodd i fi ar ddwrnod y ddamwen. Er mai fi na'th ddiodde o ran yr anafiade gweladwy y dwrnod hwnnw, fe gafodd y ddamwen gryn effaith ar Josh hefyd. Yn feddyliol ac yn emosiynol, gorfu i Josh ddelio 'da sefyllfa annisgwyl ac anodd iawn y dwrnod hwnnw. Un peth wna i fyth ei anghofio yw'r hyn ddwedodd e yn ystod yr eiliade cynnar hynny yn syth wedi'r ddamwen. Tra wên i'n dala stwmp 'y ngho's, a gan syllu i fyw fy llyged fe wedodd e, *"Don't worry, we'll get through this together, mate."* Ac yn wir, na'th e gadw at ei addewid.

Wastraffodd e ddim amser o gwbwl; dwrnode'n unig ar ôl y ddamwen, fe na'th e sefydlu'r dudalen 'Just Giving' yn fy enw i. Ar y pryd wên i ddim yn siŵr iawn ai dyma beth wên i wir isie – ca'l pobol yn cyfrannu eu harian i'n helpu i. Ond erbyn heddi, dwi'n hollol ymwybodol na fydden i 'di llwyddo i ga'l 'y ngho's brosthetig oni bai am syniad Josh yn sefydlu'r dudalen 'Just Giving'. Wedd yr ymateb gan bawb yn anhygoel a dwi mor ddiolchgar am bob rhodd. Y realiti yw y bydden i 'di gorfod aros am fisoedd, os nad yn wir am flynydde cyn derbyn co's brosthetig gan yr NHS. Na'th y dudalen 'ma 'y ngalluogi i fynd yn breifet a cha'l y go's brosthetig ore ar y farchnad; wedd hynny'n golygu 'mod i'n galler dechre ailgydio yn 'y mywyd gyment yn gynt na'r dishgwyl. Wedd ca'l yr arian yn un peth, ond wedd y byd prosthetig yn fyd hollol ddierth a newydd i fi a'r teulu. Wên i'n teimlo mas o 'nwfnder yn llwyr a wedd 'y ngofidie am y dyfodol yn dechre pentyrru. Wedd Josh yn gwitho'n ddiflino i ymchwilio i bob dim; bydde fe'n anfon y manylion ata i a'n rhieni hefyd, er mwyn trial tawelu ein gofidie ni i gyd. Josh na'th yr ymchwil, Josh na'th gysylltu â'r clinics gore ar draws Prydain er mwyn dechre trafodaethe ynglŷn â rhoi'r broses ar waith mor gyflym â phosib – Josh na'th bob dim.

Yn dilyn y Nadolig mwya poenus a diflas 'y mywyd,

ryw deimlad o anobaith wedd 'da fi ar ddechre 2022. Ond wedyn, ges i alwad ffôn gan Josh,

"We're off over the bridge mate – to ProActive Prosthetics in Guilford."

Ar y 6ed o Ionawr 2022, da'th Josh draw i 'nghatre i yn Drefach am bump o'r gloch y bore i ddechre'r siwrne hir i Lunden. Fel pob tro arall yn ei gwmni, hedfanodd yr amser heibio. Pedair awr a hanner yn ddiweddarach, fe gyrhaeddon ni Guilford. Un o'r pethe dda'th i'r amlwg yn syth wedd pa mor gartrefol wedd y clinig, y staff yn gyfeillgar a hyd yn oed yr adeilad yn teimlo'n groesawgar iawn; wedd llunie ar draws y walie o athletwyr ysbrydoledig wedd 'di ca'l cryn dipyn o lwyddiant yn cystadlu yn y Paralymics. Wên ni'n dou yn gwbod yn syth mai dyma wedd y lle iawn i fi. Ma'r naws mewn llefydd fel hyn, llefydd lle ma unigolion yn mynd ar ôl cyfnod trawmatig iawn yn eu bywyde, yn galler gwneud gwahaniaeth enfawr i'r claf, a dyna beth na'th fy nharo i'n bennaf am y clinig arbennig hwn. Fe dreulion ni rhyw dair awr yn y clinig ar yr ymweliad cynta hwnnw, yn ca'l sgwrs hir gyda Rich, y perchennog ac Allan, y prosthetydd am y broses o 'ngha'l i 'nôl ar ddwy go's. Wedd angerdd, dealltwriaeth ac arbenigedd Rich ac Allen wrth ymwneud â'r holl broses wedi 'nharo i'n syth a dwi'n cofio gadel y clinig yn teimlo'n dipyn llai gofidus na phan gerddes i miwn. Wên i'n gwbod 'mod i mewn dwylo saff.

Dechreuodd Josh a finne'r daith hir 'nôl gatre yn itha bodlon ein byd. Ond er hyn, dwi'n cofio ishte yn y car a jyst dechre llefen. Nid y boen na'n sefyllfa bresennol i wedd achos y dagre, ond yn hytrach, teimlad o ryddhad o sylwi 'mod i'n hynod o lwcus o ga'l ffrind mor ddibynadwy ac annwyl â Josh. Mewn unrhyw sefyllfa anodd, pan ma hi'n amhosib gweld y pen draw, ma'n bwysig dangos ffydd yn y broses, neud camau bach yn raddol, er mwyn cyflawni a chyrradd y nod – dyna sy'n rhoi hyder i unigolyn. A dyna'n union ddigwyddodd i fi y dwrnod hwnnw. Fe deimles i ryw hyder newydd o wbod bod 'na bobol wedd yn galler ac yn fodlon fy helpu, er mwyn gwella fy sefyllfa. Unweth 'to, agwedd anhunanol Josh dda'th o hyd i'r atebion.

Gyda'r gobeth am go's newydd ar y gorwel, wên i'n gwbod bod tipyn o waith yn fy nishgwyl o ran cryfhau'r corff, er mwyn galler delio 'da gofynion dyddiol defnyddio'r go's. Wên i'n dal yn dibynnu ar fy ffyn bagle a'r gader olwyn er mwyn galler symud o gwmpas y lle. Y teimlad wedd yn 'y mhoeni i fwya wedd sylweddoli na fydde dychwelyd i fywyd normal ddim yn rhywbeth realistig ar y pryd. Wên i'n teimlo bod sawl rhwystr yn fy wynebu. Wedd delio gyda'r ochor gorfforol o bethe yn un peth, ond wedd yr ochor feddyliol yn fy mhoeni i'n fwy. Wedd gweld 'yn hunan mewn cader olwyn a ffyn bagle wrth fy ochor yn dipyn o glatshen. Wedi'r cyfan, wên i o hyd wedi ymhyfrydu gyment yn 'y ngallu i gadw'n ffit, i fod yn actif ac i whare'r gêm wedd yn golygu gyment i fi. A nawr, wedd y ddelwedd ohonof fi fy hunan wedi newid yn llwyr. Wên i ddim bellach yn hyderus oherwydd yr hyn wên i. Wên i ddim mwyach yn ca'l fy ngweld fel person abl, wedd rhaid i fi dderbyn mai 'anabl' wedd y label fyddai arna i nawr; anabl, un go's, yn stwc mewn cader olwyn.

Yn ystod y dyddie cynnar 'na, bydden i'n osgoi pob cyfle i fynd mas yn gyhoeddus. Heblaw am apwyntiadau ysbyty, neu fynd i'r clinig, fydden i ddim yn gadel y tŷ o gwbwl – wên i jyst ddim isie delio â phobol yn syllu arna i a'n nhrin i'n wahanol. Bydde hyn yn rhywbeth fydden i'n ei drafod gyda Josh yn amal. Er gwaetha ei eirie cefnogol, wên i'n ei gweld hi'n anodd tu hwnt i fynd mas. Dro ar ôl tro, fe fydden i'n neud esgusodion er mwyn osgoi gadel diogelwch y tŷ.

Er hynny, ar y 10fed o Ionawr 2022, ychydig dros fis ar ôl y ddamwen, fe lwyddodd Josh rywsut i 'mherswadio i fynd 'nôl i'r stafell codi pwyse. Yn amlwg, wedd mynychu'r stafell bwyse yn rhywbeth wedd Josh a finne 'di neud ddwsine o weithie yn y gorffennol, ond, y tro hwn, wedd e'n teimlo fel rhywbeth estron, anghyfarwydd iawn i fi. Ma'r amgylchedd mewn gym yn ffocysu'n gyfan gwbl ar ffitrwydd a'r gallu i wella a chryfhau'r corff er mwyn cadw'n iach, a wên i 'di joio bod yn rhan o'r amgylchedd arbennig 'na ers gyment o flynydde bellach. Ond, wedd pethe'n teimlo mor wahanol y tro hwn. Wên i'n nyrfys ac yn ofnadw o ofnus; wên i wir ddim yn siŵr shwt bydden i'n ymdopi 'da'r sefyllfa a wên i hefyd yn poeni beth fydde ymateb pobol erill o 'ngweld i'n cerdded i mewn ar ffyn bagle a dim ond stwmp o go's 'da fi. Dyma fy nhro cynta 'nôl yn y gym, a finne nawr yn ddyn anabl.

Ond, trwy'r cwbwl i gyd, wên i'n hollol ymwybodol bod rhaid i fi gryfhau fy nghyhyrau, er mwyn llwyddo i ddefnyddio'r go's brosthetig yn effeithiol. Oni bai am Josh, fydden i byth wedi cymryd y cam cynta 'na i fynd 'nôl i'r stafell bwyse. Ers yr ymweliad cynta ar y 10fed o Ionawr fe fuodd Josh wrth fy ochr i bob dydd yn y stafell bwyse, yn fy nghynorthwyo, fy nghefnogi a'm hannog i wneud ryw ychydig yn fwy bob dydd. O edrych yn ôl nawr, dwi bron yn ffeilu credu 'mod i wedi llwyddo i gerdded ar 'y ngho's brosthetig gynta mewn cyfnod mor glou – dim ond tri mis yn unig ar ôl y ddamwen. Josh wedd yn gyfrifol am hynny. Fel ffrind da, fe na'th e weld tu hwnt i'r anabledd a 'ngorfodi i edrych ar yr hyn wedd o fewn fy ngallu, yr hyn wedd yn bosib i fi ei gyflawni. Fe fydda i'n hynod ddiolchgar a dyledus iddo am hynny, weddill fy oes.

Erbyn heddi, ma Josh yn byw yn y Mwmbwls gyda'i bartner a'u merch fach, a chanddo ei fusnes ei hun, felly prin yw'r cyfleoedd sy ar ga'l i ni'n dou fynd i'r stafell bwyse gyda'n gilydd mwyach. Er hynny, dwi'n trysori'r orie diddiwedd gethon ni yn y gym dros y blynydde. Ond, yn fwy na hynny, dwi'n gwerthfawrogi'n fowr ei agwedd anhunanol e a'r ffordd na'th e sefyll wrth fy ochor i drwy'r cyfnode anodd, y ffordd na'th e'n nala i sawl gwaith rhag

i fi gwmpo (a hynny'n hollol lythrennol!) ac am neud i fi
wherthin ar yr adege hynny pan wên i ddim hyd yn oed yn
teimlo fel gwenu, heb sôn am wherthin.

Wrth edrych 'nôl ar 'y nghyfnod fel chwaraewr rygbi,
dwi tu hwnt o ddiolchgar am bob eiliad, pob profiad a
phob achlysur arbennig ges i'r fraint o fod yn rhan ohonyn
nhw, ond yn fwy na dim, dwi'n diolch o waelod calon am
y cyfeillgarwch hynny 'nes i eu creu yn sgîl whare'r gêm.
Pe na bawn i 'di ca'l fy newis i dîm Cymru dan 20 ac yna i
Gastell-nedd a'r Gweilch fydden i ddim wedi profi'r fraint
o ga'l cwrdd â Josh, ffrind arbennig iawn – a phwy a ŵyr
ble bydden i heddi, heb ei gymorth, ei gyfeillgarwch a'i
ffyddlondeb diwyro...

"We'll get through this together, mate."

Atgofion heddi yw trysore 'fory

Twrci, tinsel a thabledi

SAI'N GWBOD AMDANOCH chi, ond dwi'n hoff iawn o gyfnod y Nadolig. Ma ca'l treulio dyddie yng nghwmni teulu a ffrindie yn falm i'r galon yn bendant. Dwi ddim yn 'neud rhyw lot o ffws gyda gormodedd o addurniade – ma 'da fi goeden yn y lolfa gatre, dwi'n 'i haddurno yn arian i gyd a wedyn ambell i beth fan hyn a fan draw yn y tŷ sy'n creu naws Nadoligaidd. 'Less is more' yw hi 'da fi yn bendant! Do's dim dwywaith ei bod hi'n adeg hudolus i'r plant a dwi'n dwlu gweld ymateb Nia, merch Delun, chwa'r Mam a hefyd y plantos bach, Anni, Deio a Iago, plant fy chwa'r, Elen a'i gŵr Guto, wrth iddyn nhw agor eu presante ddydd Nadolig. Ma dydd Nadolig hefyd yn gyfle i ddwyn i gof pob Nadolig yn y gorffennol – ac yn arbennig yr holl weithgaredd wedd ynghlwm â chyfnod yr Ŵyl – dramâu'r Ysgol Sul, cyngherdde neu sioeau'r ysgol, canu carolau ac ati. Bydde Nadolig fel arfer yn dechre i ni'r plant drwy dderbyn calendr Adfent wrth Mam-gu a Dat-cu – cychwyn y cowntdown go iawn at y dwrnod mowr. Mam fel arfer wedd yn addurno'r tŷ, ond dwi'n cofio'n glir, gyda'r tri ohonon ni'n ddisgyblion uwchradd, na fydde'r addurniade'n mynd lan cyn bod wthnos yr arholiade mewnol wedi bennu. Wedd Mam siŵr o fod yn meddwl bydde rhoi'r trimins lan, yn tynnu ein sylw ni oddi ar y gwaith hollbwysig o adolygu! Wel, sori i dy siomi di Mam, ond fydde fe wir ddim 'di neud iot o wahanieth i'n swoto i, os bydde'r addurniade lan neu beidio! Ta beth, wedd derbyn ambell farc arholiad uchel yn dipyn o hwb i 'ngobeithion i o ga'l anrheg mwy swmpus oddi wrth Santa yn flynyddol!

Bydde Elen, Daf a finne'n arfer mynd o gwmpas cartrefi ein cymdogion i ganu carolau pan wên ni'n ifanc – a chymryd y cyfle i ddilifro'n cardie Nadolig ar yr un pryd – Ffynnonwen, Ffynnonlas Ucha, Ffynnonlas Isha, Blaendyflin, Rhyd Villa. Mynd yn y car fydden ni gyda Dad yn dreifo a Mam yn ishte'n y ffrynt a ni, y tri cantor mowr, yng nghefen y car. Bydden ni 'di ca'l ymarfer bach gatre cyn mynd ac fel arfer yn y *repertoire* bydde: pennill o 'I orwedd mewn preseb', 'Brysiwch lawr y grisie', 'Tri gŵr doeth' a 'Cwsg heb fraw'.

> Tri gŵr doeth yn teithio'n ffri,
> Pob un ar gefn ei gamel,
> Ymlaen â ni yn dawel,
> Tri gŵr doeth yn teithio'n ffri,
> Dilyn seren Bethlehem.

Ie, "ymlaen â ni yn dawel" wedd hi – neb o gwmpas a dim ond goleuade'r car yn dangos y llwybr i ni at ddrws tai ein cymdogion. Bydde lleisie'r tri ohonon ni i'w clywed yn glir yn nhawelwch y nos. Dwi'n cofio galw yn Ffynnonlas Isha un flwyddyn, mynd mas o'r car yn dawel a dechre canu wrth y drws. A dyma John yn agor y drws a dod i sefyll aton ni tu fas. Nawr wedd John yn hoff iawn o ga'l diferyn ac yn amlwg wedd e wedi ca'l un neu ddou yn barod y noson honno. Yn sydyn, dyma fe'n codi ei freichie a dechre'n harwen ni'n tri fel arweinydd côr o fri. Sai'n gwbod shwt nethon ni gadw fynd heb dorri lawr i 'wherthin a gweud y gwir. Wên ni'n ca'l gwaith dala! Wrth edrych draw at Mam a Dad yn ishte yn y car, wên i'n galler gweld bod y ddou ohonyn nhw'n ca'l pwl o wherthin 'fyd, yn joio bob eiliad o'r adloniant annisgwyl!

Wedd Noson Oedfa Garolau'r Urdd, Cylch y Frenni yn

achlysur blynyddol pwysig, pan fydde'r ysgolion cynradd lleol yn ymuno â'i gilydd yn un o gapeli'r ardal i gyd-ganu carolau fel 'Pan anwyd Crist ym Methlehem dref', 'Yr hen, hen stori' a 'Blynyddoedd maith yn ôl'. Wrth gwrs, bydden ni 'di bod yn ymarfer gyda Mrs Jill Lewis yn yr ysgol am wthnose cyn yr oedfa er mwyn bod ar ein gore ar y noson fowr!

Fel wên ni'n agosáu at ddiwedd tymor y Nadolig, bydde rywfaint o amser gwersi bob dydd yn ca'l ei neilltuo ar gyfer ymarfer tuag at sioe neu gyngerdd yr ysgol. Fel arfer, bydde ysgol Hermon yn gwneud defnydd o un o gapeli'r pentre – Capel Brynmyrnach neu Gapel Hermon, er mwyn perfformio cyngerdd y Nadolig. Bydde pob un o ddisgyblion yr ysgol yn cymryd rhan yng nghyngerdd y Nadolig ac wrth eu bodd yn ca'l y cyfle i wisgo lan, dysgu caneuon newydd ac arddangos eu talentau actio. Yr un wedd y neges bob blwyddyn, gyda Mair, Joseff a'r baban Iesu yn amlwg ym mhob cyngerdd. A dwi'n cofio whare rhan Joseff yn Sioe Gabriel yn 2004 yn ogystal â dwblu lan fel un o'r prif angylion – *multi-talented* heb os!

Na'th Ysgol Hermon gyflwyno *Pantolig* pan wên i'n chwech oed, sef cyfuniad o stori Sinderela a stori'r geni. Ma Sinderela wrth gwrs yn ca'l ei thrin yn wael gan ei dwy chwa'r hyll (Sal a Lw) a'r llysfam. Elen wedd yn whare rhan Sal a 'nghyfnither Luned wedd y cymeriad Lw. Gethon nhw gryn hwyl arni, dwi'n cofio. Wel, gorfod aros gatre fuodd hanes Sinderela druan yn hytrach na cha'l mynychu'r parti mowr. Gatre gyda'r llygod. A dyna ble wên i'n dod miwn i bethe achos, ie, fi wedd yn whare rôl y llygoden. Grêt! Wedd fy ffrind Tomos yn un o'r angylion!! Sai'n gwbod shwt gath e i ddewis i fod yn un o'r rheiny wir! Wedd rôl gan bob un o'r hanner cant o ddisgyblion wedd yn yr ysgol bryd hynny a'r athrawon yn gwitho'n galed i ga'l siâp arnon ni cyn noson y perfformiad. Ma atgofion sbesial iawn 'da fi o'r cyfnod 'ma. Wrth gwrs, pan unwyd ysgol Hermon,

Blaenffos a Chrymych i greu Ysgol y Frenni rai blynydde wedyn, wên ni'n ca'l defnyddio llwyfan mowr Ysgol y Preseli ar gyfer ein cyngherdde Nadolig gyda thipyn mwy o le ar gyfer perfformio ac actio, a bydde tipyn mwy o blant yn cymryd rhan hefyd, wrth gwrs.

Un o'r atgofion cliria sy 'da fi o'r cyfnod yma yw paratoi bocsys ar gyfer plant llai ffodus na ni – Cariad Mewn Bocs neu Operation Christmas Child. Bydden i fel arfer yn llenwi hen focs sgidie yn llawn anrhegion syml fel tedi bach, menig, sgarff, brwsh a phast dannedd ac ati – nid yn unig fel rhan o ymgyrch Ysgol Hermon, ond hefyd gyda phlant yr Ysgol Sul ym Mhen-y-groes. Wedd rhywbeth syml fel hyn yn ein hatgoffa ni'r plant wrth gwrs o ba mor wirioneddol lwcus wên ni o'n hamgylchiade. A wên i'n teimlo rhyw falchder mowr wrth helpu i gario'r bocsys mas i'r fan fowr fydde'n dod i'r ysgol i gasglu'n rhoddion ni bob blwyddyn.

Bydden ni'n mynd gyda'r ysgol a'r Ysgol Sul i weld pantomeim adeg y Nadolig yn amal 'fyd. Dwi'n cofio gweld *Jac a'r Goeden Hud* a hefyd Cwmni Actorion Felinfach yn Theatr y Gromlech un tro yn cyflwyno *Aeron a Duwies yr Afon*, a Dafydd fy mrawd yn ca'l ei dynnu mas o'i sedd gan y Dylwythen Deg i fynd lan i'r llwyfan i'w helpu i gwblhau rhyw dasg amhosib. Dyddie 'ma, dwi wrth 'y modd yn mynd gydag Anni, Deio a Iago bach i weld Sioe Cyw yn Neuadd y Gwendraeth ac ma gweld eu hwynebe nhw'n goleuo wrth weld Cyw, Bendant a'r criw yn fyw o'u blaene ar y llwyfan yn dod â gwên i'm hwyneb i bob tro. Sai'n gwbod pwy sy'n joio fwya – fi neu nhw!

Pan wên i'n ddisgybl ym mlwyddyn 5 yn ysgol Hermon, dwi'n cofio'r dosbarth yn ca'l prosiect ar 'Y Nadolig' i neud fel gwaith cartre. Wedd sawl adran i'r prosiect ac ar gyfer cwbwlhau un adran benodol fe 'nes i benderfynu cyfweld Mam-gu Crymych (mam fy Mam) er mwyn dysgu mwy am Nadolig ei phlentyndod hi. Wedd Mam-gu'n cofio am y gwaith paratoi wedd yn dod law yn llaw ag adeg y Nadolig, sef y gwaith plufio a lladd mochyn wthnos cyn yr Ŵyl. A hefyd, hi fydde'n gorfod glanhau'r cytleri cyn y Nadolig, gan y bydden nhw'n siŵr o ga'l ymwelwyr yn galw heibio'r ffarm ym Maesgwyn ger Crymych yn ystod cyfnod yr Ŵyl. Wedd anrhegion Nadolig Mam-gu yn ferch fach yn itha syml o'u cymharu ag anrhegion y dyddie 'ma, wrth gwrs – pensilion a llyfr lliwio, llyfr darllen, oren, afal, cnau ac ambell ddilledyn newydd wedd y norm bryd hynny. Yr anrheg gore gath Mam-gu'n blentyn wedd *Llyfr Mawr y Plant*, llyfr na'th hi ei ddarllen, dro ar ôl tro. Iddi hi, wedd paratoi ar gyfer cwrdd Nadolig y plant a mynychu'r cyrdde arbennig yn rhan o'i hatgofion mwyaf hapus, yn ogystal ag ymweld â chartrefi teulu a ffrindie a cha'l pobol draw i'r tŷ atyn nhw hefyd. Wedd y cymdeithasu'n elfen mor bwysig o'r Nadolig yn y cyfnod hwnnw.

Ma cof clir 'da finne 'fyd am gyrdde plant adeg y Nadolig. Mam a Shan Halket Jones wedd yr athrawon Ysgol Sul ym Mhen-y-groes a bydde isie tipyn o ymarfer arnon ni'r plant wrth baratoi at ein cwrdd blynyddol. Wedd y sgript yn amrywio bob blwyddyn rhwng y traddodiadol a'r cyfoes – *Papa Panoff*, *Yr Anrheg Orau* a nethon ni *Y Ddinas Gardbord* un flwyddyn wedd wedi'i selio ar hanes trueiniaid y ddinas gardbord lawr yn nociau Caerdydd. Dwi'n cofio'r criw a gymrodd ran – Elen, Daf a finne, a Luned a Cadi (merched Nerys, chwa'r Mam), Gwenan, Gethin a Mared Halket, Gerallt a Sioned Esgairordd, Robert a Lisa Pantycelyn, Manon a Steffan Garej Penfro, Arwel, Dewi a Delun Pensarn a Meilyr Tomos. Wedi'r cwrdd, mi fydde 'na barti i'r plant yn y festri gyda Sion Corn yn galw heibio, wrth gwrs. Dro arall, a finne wedi fy ngwisgo mewn *dressing gown* a llien sychu llestri ar 'y mhen, fe ges i'r cyfle i ganu fy solo cynta – wel a gweud y gwir cytgan yn unig wedd e o'r gân 'Un Bugail Bach'; Elen a Daf yn canu'r penillion a finne'n dod miwn yn y gytgan.

Ond roedd 'na un bugail bach ar ôl,
Yn gwylio'r defaid syn;
Un bugail bach a'i waith mor fawr,
Yn gwarchod godre'r bryn.

Wedd tegan meddal o oen bach 'da fi yn 'y mreichie a wên i 'di ca'l 'yn rhoi i sefyll ar un o'r grisie'n mynd lan i'r pulpud, fel sawl bugail bach arall ar draws y wlad, siŵr o fod! Erbyn heddi, dwi'n teimlo bod y cyfleoedd ges i i berfformio o oedran ifanc iawn, yn canu a llefaru, wedi bod o fudd mowr i fi wrth ymgyfarwyddo â'r gwaith sylwebu ar y sgrin.

Yn grwtyn ifanc wyth mlwydd oed, yn ishte yng nghefen y car, wedd teithio trwy bentre Hermon yn ystod cyfnod y Nadolig yn galler bod yn ddansherus iawn – a hynny achos bod pawb yn dreifo mor araf! Y rheswm dros hynny, wrth gwrs, wedd bod yr holl dai wedi eu haddurno mor bert â goleuade'r Nadolig. Am nifer o flynydde, fe fydde pobol yn dod o bell i weld y pentre adeg yr Ŵyl. Dechreuodd y gystadleuaeth adeg dathliade'r Mileniwm gyda phentrefwyr y Glog a Llanfyrnach hefyd yn rhan o'r gystadleuaeth. Pobol leol wedd y beirniaid gwadd, ond neb o Hermon wrth gwrs! Yn eu plith wedd Mr a Mrs Granville John, Mr a Mrs Brian Thomas, Mr a Mrs Dai Phillips, Mr a Mrs Brian Llewellyn, y Cynghorydd a Mrs Lynn Davies. Wedd y gwobre'n ca'l eu rhoi ar gyfer y ffenest ore, y wal ore a'r arddangosfa ore. Wedd 'na dipyn o gystadlu ymysg y pentrefwyr a'r arddangosfeydd blynyddol yn cynyddu mewn maint o un Nadolig i'r llall. Rhai o'r enillwyr 'nôl yn y cyfnod 'ny wedd Teulu Arosfa, Mr a Mrs George Harris, Mr a Mrs Malcolm Lewis a Mr a Mrs Terry Reynolds. Mae'n dipyn saffach dreifo drwy Hermon y dyddie 'ma gyda chystadleuaeth goleuade'r Nadolig wedi dod i ben ers sawl blwyddyn bellach... ond ma e'n dal i ddod 'nôl ag atgofion hyfryd i fi o adeg hudolus y Nadolig.

Wedd dydd Nadolig fel arfer yn dechre'n gynnar iawn yn tŷ ni. Bydden i a 'mrawd a'n chwa'r yn codi'n gynt na'r arfer – tua phump y bore – ac yna dihuno Mam a Dad, cyn mynd lawr llawr i'r lolfa i weld beth wedd Sion Corn wedi gadel i ni. Bydden ni'n agor anrhegion Sion Corn i gyd yn syth ac wedyn bydde Dad yn mynd mas i odro. Lan ym Mhreswylfa, cartre Mam-gu Crymych, bydden ni'n ca'l cinio Nadolig gyda Delun (chwa'r ifanca Mam) cyn agor gweddill ein hanrhegion. Yn blant, fydden ni ddim yn ffwdanu gyda'r teledu ar ddydd Nadolig; wedd whare gyda'n teganau newydd yn ca'l blaenoriaeth heb sôn am y whare gemau teuluol sy'n dal yn arferiad ac yn rhan o ddathliade ein dwrnod Nadolig ni. Wedd lot o wherthin wrth whare cardie – wherthin nes teimlo'n itha tost ar adege! Wedd gwaith y ffarm yn dal yn galw, hyd yn oed ar ddydd Nadolig a bydden ni'n bwrw'n ôl am gatre erbyn amser godro, ond ddim cyn ca'l darn o gacen Nadolig Mam-gu cyn mynd. Wedd y tri ohonon ni'n ddigon hapus i fynd i'r gwely'n weddol gynnar noson Nadolig achos, a bod yn onest, wedd ein batris ni'n rhedeg yn weddol isel erbyn hynny, heb sôn am fatris holl deganau newydd Sion Corn!

Nadolig gwaetha 'mywyd i yn ddi-os wedd Nadolig 2021. Des i mas o ysbyty Treforys ar 17eg o Ragfyr bron i bythefnos ar ôl y ddamwen. Wên i'n boenus ofnadw ac yn ca'l gwaith canolbwyntio ar unrhyw beth o gwbwl o achos y boen uffernol. Er hyn, wên i'n benderfynol 'mod i moyn treulio dydd Nadolig fel yr arfer gyda'r teulu yng Nghrymych yn nhŷ Mam-gu. Prin tair wthnos wedd wedi mynd heibio ers y ddamwen a wên i'n dibynnu ar ffyn bagle a chader olwyn i fynd o un lle i'r llall. Wên i'n ofni rywfaint beth fydde ymateb pobol o 'ngweld i am y tro cynta; yn fwy na dim wên i'n poeni am ymateb Nia, wedd yn saith mlwydd oed ar y pryd. Wên i heb weld Nia ers y ddamwen ac yn teimlo braidd yn nyrfys byti shwt fydde hi'n ymateb i 'ngweld i â stwmp o go's. Ges i gwtsh 'da hi, ond wên i'n galler gweld y lletchwithdod yn ei llyged. Wedd hi ddim yn siŵr ble i edrych, druan.

Fe dreulion ni'r dwrnod yn trial dilyn y patrwm arferol; yn y bore na'th Eilir Pontfaen, cefnder Mam, alw heibio i'n gweld ni a cha'l ei wydred arferol o wisgi. Ar ôl cinio, ethon ni ati i agor y bwndel o anrhegion wedd o dan y goeden. Ond jiw, wên i'n boenus a'r tabledi niferus wên i'n eu cymryd ddim hyd yn oed yn dechre shifto'r boen. Sai'n cofio agor unrhyw anrheg, na whare'r un gêm – yn hytrach yr unig atgof sy 'da fi yw rhowlio ar y llawr mewn poen a'r *Phantom Pain* yn ca'l y gore ohona i sawl gwaith y dwrnod 'ny.

Wên i heb glywed am y fath beth â *Phantom Pain* nes i fi ga'l y ddamwen. Mae'n debyg bod yr ymennydd yn hala negeseuon i'r go's fel pe bydde hi'n dal i fod yno. Wedd y llawfeddyg wedi fy rhybuddio bod hyn yn 'normal' a bod diodde o'r *Phantom Pain* yn hollol naturiol – er y bydde fe y tu hwnt o boenus hefyd. Bob rhyw ugen munud fe fydden i'n mynd i'r stafell gefen o olwg Nia, er mwyn rhowlio 'nôl a mlân ar y llawr tra wedd Dafydd, 'y mrawd, yn rhwbio fy nhro'd chwith a Mam-gu'n dod draw â bag o bys o'r rhewgell i'w roi ar y stwmp. Bydde Dad yn cadw llygad 'mod i'n cymryd y tabledi ar yr amser cywir, er mwyn ceisio tawelu'r boen; ond wedd dim byd yn gwitho'r dwrnod hwnnw. Fydden i ddim yn dymuno'r fath boen ar 'y ngelyn penna a gweud y gwir. Ddiwedd y pnawn, a finne wedi llwyr ymlâdd erbyn hyn, a'th Mam a Dad â fi nôl i Drefach. Cyn gadel, dwi'n cofio troi at Mam-gu i ddiolch iddi am y cinio ffein a gweud,

"Mam-gu, dwi'n edrych mlân at Nadolig nesa'n barod."

Dwi'n gobitho na 'nes i sbwylio'r dwrnod yn ormodol i'r teulu, yn enwedig i Nia ac Anni fach. Wedd y Nadolig hwn wedi bod mor wahanol i bob Nadolig hwyliog a hapus fy mhlentyndod. A dwi'n gwbod wrth i Dad ddreifo'n ôl am

Gaerfyrddin, a'r sgwrs yn y car wedi pallu erbyn hyn, bod y dagre'n llifo lawr boche Mam. Nadolig i'w anghofio yn bendant wedd Nadolig 2021.

Iechyd yw popeth

Phantom Pain

"TI'N TEIMLO UNRHYW boen yn dy go's dde di, Ifan?"

"Yn y go's dde? Nadw… wel, dyw 'ngho's dde i ddim 'da fi rhagor!"

Yn ystod y dyddie cynnar yn dilyn y ddamwen, wrth orwedd yn y gwely yn yr ysbyty rhyw fore, fe ddes i ar draws y term *Phantom Pain* am y tro cynta. Wedd dim syniad 'da fi beth wedd hyn yn ei olygu, na'r effaith enfawr wedd e'n mynd i ga'l ar 'y mywyd i – yn enwedig yn ystod y misoedd cynta.

Bob bore, bydde Mr Hywel Dafydd, y Llawfeddyg Plastig Ymgynghorol a'r grŵp o lawfeddygon wedd yn gyfrifol am fy llawdriniaeth yn dod i 'ngweld i ar ward Anglesey yn ysbyty Treforys, er mwyn cadw llygad ar y go's a neud yn siŵr bod popeth fel y dylse fe fod. Dwi'n hynod ddyledus iddyn nhw i gyd am eu gofal a'u harbenigedd. A bod yn onest, wên i'n edrych mlân i'w gweld nhw; wedd e'n rhoi tipyn o gysur i fi ar adeg anodd ac ansicr iawn. Wedd gweld Mr Hywel Dafydd yn enwedig yn gysur mowr; wedd hi'n gyfnod Covid, wedd neb yn ca'l dod ar y ward i ymweld â fi – dim teulu, dim ffrindie, neb – felly wedd e'n golygu lot i fi i ga'l llawfeddyg wedd yn siarad Cymra'g yn dod ata i ga'l sgwrs 'da fi'n ddyddiol. I fi, wedd pethe bach fel hyn yn help mowr i neud i fi deimlo rywfaint yn agosach at gatre, a hynny mewn cyfnod emosiynol a gofidus. A dyma pryd y des i ar draws y ddou derm *Phantom Pain* a *Phantom Sensation* am y tro cynta. Dwi'n cofio ca'l y sgwrs 'da Mr

Dafydd wrth orwedd yn y gwely gyda'r holl wifre ma'n dod mas o 'nghorff i...

"Ti'n teimlo unrhyw boen yn dy go's dde di, Ifan?"

"Yn y go's dde? Nadw! Wel, dyw 'ngho's dde i ddim 'da fi rhagor, ond ma popeth arall yn neud dolur!"

Chwerthin wedd ymateb Mr Dafydd. Ond wir, ma disgrifio beth yw *Phantom Pain* yn galler bod yn dasg a hanner. Erbyn hyn, dwi 'di trial esbonio fe sawl gwaith i wahanol bobol beth yn union yw'r boen 'ma. Dyw e ddim yn rhwydd esbonio rhywbeth sy wir ddim yn neud sens! Sdim dwywaith, ma'r holl beth yn itha dryslyd a fydden i ddim yn beio neb am gwestiynu a ges i gnoc enfawr ar 'y mhen yn ogystal â cholli co's yn y ddamwen! Achos wir... dychmygwch ddyn sy wedi colli ei go's dde uwchben y benglin yn gweud bod e'n dioddef o boen ofnadw yn ei dro'd dde – y dro'd sy ddim 'na bellach! Ond, am rhyw bump i chwe mis ar ôl y ddamwen, dyma beth wên i'n ei deimlo drwy'r amser. Wedd e'n ddigon i'n hala i'n benwan! Pan wên i'n trial egluro hyn i bobl, wel gan amla, yr ymateb wên i'n ca'l wedd, "ond dyw'r go's dde ddim 'da ti rhagor, Ifs!" A dyna'n gwmws yr ateb 'nes i ei roi i Mr Hywel Dafydd. Wedd e wedi ca'l yr un ymateb ddwsine o weithie o'r blân wrth gwrs. Wedd neb o 'nheulu i na'n ffrindie mewn gwirionedd yn galler deall yn iawn shwt wên i'n teimlo, nac yn galler deall beth wedd y boen rithiol 'ma wedd 'da fi'n ddiddiwedd. Wedd hynny'n hala i fi deimlo yn eitha rhwystredig a gweud y gwir, achos, er wedd y go's ddim 'da fi mwyach, wel wedd y boen yn bendant 'da fi, bob munud o bob dydd. Dyma wedd yn rheoli 'y mywyd i.

O edrych 'nôl, dwi'n credu mai fy niffyg dealltwriaeth i o'r sefyllfa wedd yn neud i fi deimlo mor grac; wên i jyst ddim yn deall digon am yr hyn wedd yn mynd mlân a beth wedd yn digwydd i fi, a heb ddealltwriaeth o'r sefyllfa wedd ddim ateb 'da fi i ddatrys y broblem. Y tro cynta 'nes i ga'l unrhyw brofiad o hyn wedd rhyw wthnos ar ôl y ddamwen;

wên i'n dal yn yr ysbyty, yn dal ar feddyginiaeth ac yn dal yn newydd i'r holl sefyllfa. Wedd 'y nhro'd dde i'n teimlo fel petai hi mewn bath o ddŵr berw a wên i'n ffeilu neud dim am y peth – wedd hi'n teimlo ar dân. Ond megis dechre wedd hyn i gyd ac fe na'th pethe waethygu ganwaith ar ôl dod mas o'r ysbyty a chyrradd gatre. Yn y cyswllt 'ma, wedd anwybodaeth yn bendant yn beth da achos wedd dim syniad 'da fi beth fydde yn 'y nishgwyl i, nac ychwaith am y poene dychrynllyd fydden i'n eu dioddef yn ystod y misoedd i ddod.

Yn syml, *Phantom Pain* yw teimlo poen mewn rhan o'r corff sy ddim 'na bellach; i fi, 'y ngho's dde i – ond yn fwy penodol, 'y nhro'd dde i – dyna ble wên i'n dioddef gyda'r boen fwya. Rhyw bedwar i bump dwrnod ar ôl y ddamwen, gyda sioc, adrenalin a meddyginiaeth yn rhedeg trwy 'y ngwythienne i, wedd *Phantom Pain* ddim wir yn broblem i fi – ac yn dawel bach wên i'n meddwl falle 'mod i'n mynd i fod yn un o'r rhai lwcus hynny wedd ddim yn mynd i ddiodde o gwbwl gyda *Phantom Pain* ar ôl colli co's. O, wên i wir yn gobitho hynny, achos wedd sawl un 'di gweud wrtha i mai'r *Phantom Pain* 'ma, heb un dowt, wedd y peth mwya poenus ynglŷn â cholli co's.

Ma *Phantom Sensation* ar y llaw arall, er yn dod o dan yr un ymbarél, ychydig yn wahanol... a thipyn yn llai poenus. Dwi'n dioddef 'da'r *Phantom Sensation* bob dydd, bron, yn wir bob eiliad o 'mywyd i bellach. Wrth ishte gatre yn ysgrifennu amdano fe nawr ma'r teimlad yn y dro'd yn cynyddu, ie, y dro'd sy ddim 'na – a dwi'n deall yn iawn pa mor ddwl ma hwnna'n swnio! Dyw'r *Phantom Sensation* 'ma ddim wir yn boenus, mwy o niwsans na dim byd arall. Ma'r cliw yn y gair – 'sensation', a dyna beth yw e'n fwy na dim, y teimlad bod rhywun yn cyffwrdd 'y nhro'd i neu 'mod i'n teimlo rhyw bwyse neu wres arni, neu hyd yn oed rhyw gosi neu diclo. A'r hyn sy'n ddiddorol yw, po fwya bydda i'n siarad amdano fe, y mwya ma'r 'sensation' yn cynyddu ac yn dwysáu. Pan fydda i'n gwylio ffilm ar y teledu sy'n cynnwys rhywun yn ca'l anaf neu ddolur, neu pan ma rhyw olygfa ble ma damwen yn digwydd, wel ma'r 'sensation'yn cynyddu'n sylweddol bryd hynny. Dyw e ddim fowr o help 'mod i'n gwylio gyment o ffilmie rhyfel falle! Os dwi'n ffindo'n hunan mewn sefyllfa sy'n fy atgoffa o'r ddamwen, ma'r *Phantom Sensation* 'ma'n cynyddu'n eithriadol – ond dim ond am ryw eiliade. Dwi'n cofio Mr Hywel Dafydd, a sawl un arall ers hynny, yn gweud nad yw'r *Phantom Sensation* ddim o reidrwydd yn beth gwael. A gweud y gwir, mae'n galler bod yn beth buddiol i brofi bod rhywfaint o deimlad yn y dro'd sy ddim 'na mwyach. Pam? Wel, mae'n helpu gyda *'proprioception'* – yr ymwybyddiaeth fewnol neu'r amgyffred naturiol 'na sy'n rhoi rhyw fath o syniad i fi ble ddylse'r dro'd brosthetig fod, heb orfod edrych i lawr arni drwy'r amser, sy wrth gwrs yn help enfawr i fi o ran cerdded yn fwy naturiol a defnyddio'r go's yn ddidrafferth.

Gwaethygu na'th y *Phantom Pain* ar ôl cyrradd gatre o'r ysbyty ar 17eg o Ragfyr, a chynyddu na'th y feddyginiaeth i drial atal a lleihau'r boen – ond wedd dim byd yn gwitho. Wedd y dwrnode'n hir, a'r unig ryddhad o'r boen uffernol wedd yn ystod orie'r nos, ar ôl cymryd tabled cysgu, pan fydden i'n dod i ben â cha'l tipyn bach o seibiant o deimlo'r gwewyr. Ma shwt gyment o bethe'n galler ca'l effaith negyddol ar *Phantom Pain* – diffyg cwsg, blinder, lefelau straen, ymarfer corff a pha mor actif yw'r unigolyn. Yn wir, ma hyd yn oed y ffordd ma person yn colli'r go's, neu'r fraich yn galler ca'l effaith enfawr ar ba mor debygol ma'r unigolyn hwnnw o ddiodde 'da *Phantom Pain*. Ma'n debyg po fwya trawmatig yw'r ampiwteiddio, y mwya eithafol yw'r *Phantom Pain*.

Yn anffodus, o achos y lefel uchel o drawma ges i, pan gath 'y ngho's i ei rhwygo bant yn y ddamwen, wedd hi'n hynod o debygol y bydden i'n gorfod delio â *Phantom Pain* gwael a phoenus iawn. Wedd y cyfan fel un cylch dieflig – heb ddechre na diwedd iddo. Wên i'n ffeilu cysgu oherwydd y boen, felly wedd blinder yn un ffactor amlwg yn 'yn erbyn i wrth geisio delio 'da'r hunllef 'ma; wedd rhaid cymryd mwy o feddyginiaeth i helpu fi gysgu, wedd fy lefelau straen yn uchel o ganlyniad i geisio delio 'da fy sefyllfa newydd. Wên i'n amlwg ddim yn actif oherwydd y ddamwen (wedd y go's brosthetig ddim 'da fi bryd hynny) ac ar ben y cyfan wên i'n gwbod y bydde isie llawdriniaeth arna i ar 'y ngho's chwith maes o law gan bo honno hefyd wedi ca'l niwed yn y ddamwen. Felly, o ganlyniad i hyn i gyd – wedd y *Phantom Pain* yn gwaethygu – a'r gwir yw, wên i jyst yn ffeilu gweld ffordd mas o'r sefyllfa o gwbwl. Cyfnod o ddiflastod llwyr wedd hwn, cyfnod o ddanto, cyfnod o ddüwch.

Wedd cysgu yn uffern... wel trial cysgu dylen i weud. Am wthnose, fe fydden i'n lwcus iawn i ga'l rhyw ddwy awr o gwsg erbyn nos. A hyd yn oed pan fydden i'n dod i ben â chwmpo i gysgu, fe fydden i'n dihuno yn sgrechen mewn poen. Wedd y *Phantom Pain* o hyd yn waeth erbyn nos. Yn ystod y dydd, fel dwi 'di sôn yn barod, bydden i'n teimlo fel bod 'y nhro'd i ar dân, neu ei bod hi mewn bwced o ddŵr berw gyda'r dŵr yn llosgi 'y nghro'n i bant. Bydde hyn yn gwaethygu wrth i'r dydd fynd yn ei flân hyd at amser mynd i'r gwely, gan wneud y dasg o drial cysgu, mwy neu lai, yn amhosib. Ar yr achlysuron hynny pan fydden i'n llwyddo i gwmpo i gysgu, fe fydden i'n dihuno awr neu ddwy yn ddiweddarach yn teimlo bod 'y nhro'd i mewn rhyw fath o glamp, a hwnnw yn raddol bach yn mynd yn dynnach ac yn dynnach, gan wasgu 'y nhro'd i nes neud i fi deimlo bod yr esgyrn ar fin torri. Dwi'n cofio, un noson, i fi ddihuno'n sgrechen bod rhywun yn trywanu cyllell siarp yn 'y nhro'd i dro ar ôl tro. Noson arall 'nes i ddihuno yn sgrechen bod y go's wedi datgymalu, a dyna ble wên i'n ceisio bwrw 'y mhenglin, wedd ddim 'na mwyach, nôl mewn i'w lle. Wedd hyn yn bendant yn rhyw fath o ail-fyw erchyllterau'r ddamwen, weden i. Wedd mynd i'r gwely yn broses ofnadw; wên i'n gofidio byti shwt fydden i'n mynd i gysgu, a wên i'n gofidio byti shwt bydden i'n dihuno. Wedd e ddim yn gyfnod neis o gwbwl, cyfnod anoddach o lawer na'r ddamwen ei hunan; wedd e wir yn uffern.

Yn ystod yr wthnose hyn o ddibynnu ar dabledi a diodde diffyg cwsg, wedd yr egni i gyd wedi ca'l ei sugno mas o 'nghorff i a wên i'n gwbod bo hyn yn mynd i ga'l effaith negyddol arna i ym mhob ffordd bosib, yn feddyliol, yn ogystal ag yn gorfforol. Wedd rhaid i fi, ryw ffordd, ddod o hyd i ateb i'r broblem. Wên i'n ffeilu rheoli'r ffaith 'mod i mewn poen, wên i'n ffeilu rheoli'r ffaith nad o'n i'n galler cysgu, wên i'n ffeilu rheoli'r ffaith 'mod i'n teimlo dan straen o achos fy sefyllfa i – ond un peth wên i'n galler ei reoli wedd pa mor actif wên i.

Fe benderfynes i, er na wedd 'da fi'r go's brosthetig yn y cyfnod cynnar 'na i ddibynnu arni a 'mod i hefyd yn dishgwyl llawdriniaeth ar 'y ngho's chwith, bod jyst yn rhaid i fi drial mynd 'nôl i fod yn berson actif fel wên i cyn y ddamwen, a hynny'n benna er mwyn helpu i leihau'r boen a hefyd gwella 'y nghyflwr meddyliol i ar y pryd. Dwi'n cofio darllen bod cynyddu rhediad y llif gwa'd yn bwysig wrth drial atal y *Phantom Pain*, hynny yw bod symud y corff a chadw'n heini yn galler helpu gyment yn y frwydr ddyddiol o wrthsefyll y boen rithiol 'ma. Felly, 'na beth yn gwmws 'nes i, fi a Josh – mynd 'nôl i'r gym!

Tim Jones – dyn arbennig iawn. Ei swydd wedd darparu ar ein cyfer ni'r chwaraewyr ar ran Cymdeithas Chwaraewyr Rygbi Cymru. Yn ystod 'y nghyfnod gyda'r Gweilch, rhan o'i rôl e wedd edrych ar ôl y chwaraewyr a'n helpu i'n paratoi ni ar gyfer bywyd ar ôl rygbi – rhoi cyfleoedd i ni ga'l blas o brofiade gwahanol mewn amrywiol feysydd. Fe na'th e gynnig cyrsie, ehangu ein cymwystere ac i fod yn onest, ymateb i ddymuniade a dyheade'r chwaraewyr. Bydde Tim o hyd yn barod i fynd y filltir ychwanegol, whare teg iddo, a dyna'n union beth na'th e 'da fi yn ystod, ac yn dilyn cyfnod y ddamwen. Bydde Tim ar y ffôn yn amal yn gofyn a wedd isie rhywbeth arna i yn ystod y cyfnod cynnar 'na o ailaddasu. Un bore, yn dilyn sgwrs 'da fe, 'nes i sôn am broblem y *Phantom Pain* a 'mod i jyst ddim yn ymwybodol o shwt i ddelio 'da fe. Gofynnodd e a fydden i'n ffansïo cwrdd â gŵr o'r enw Jon White. A'th e mlân i egluro pwy yn union yw Jon White ac yn dilyn un cipolwg cyflym ar-lein, er mwyn dysgu mwy amdano, wên i jyst yn gwbod bod yn rhaid i fi gwrdd ag e. Cyn-filwr yw Jon White, dyn sy 'di colli ei ddwy go's uwchben y ben-glin, yn ogystal â cholli ei fraich – *triple amputee*, a chredech chi fyth pa mor actif yw e. Dyma'r dyn cynta ers y ddamwen i fi wir deimlo 'mod i'n galler uniaethu 'da fe. Dyma ddyn wedd wedi diodde anafiade dychrynllyd na'th newid ei fywyd e'n gyfan gwbl, ond eto i gyd, wedd e'n llwyddo i fyw bywyd actif a llawn.

Dydd Iau, 20fed o Ionawr, 2022 wedd hi pan a'th Tim â fi i gwrdd â Jon yng nghaffi gwasanaethau Pont Hafren. Wedd cwrdd â Jon yn ochenaid o ryddhad a gweud y gwir, cwrdd â rhywun wedd wedi bod trwy rhywbeth dipyn yn waeth na fi, ond wedd e'n dal yn hynod o bositif ac yn hynod o actif. Jon wedd y gwir gatalydd i'r newid agwedd a'r newid meddylfryd a ddigwyddodd yn 'y mywyd i wedi'r dwrnod hwnnw. I fi, y peth mwya pwysig wedd ca'l siarad 'da fe am y *Phantom Pain*, y go's brosthetig a cha'l ei holi fe am bob dim arall wedd yn mynd trwy 'y mhen i ar y pryd o ran byw bywyd fel *amputee* newydd. Ateb y doctoriaid a'r rhan fwya o'r bobol wên i 'di siarad 'da nhw byti trial delio â *Phantom Pain* wedd meddyginiaeth a mwy o feddyginiaeth... ond wedd ateb go wahanol 'da Jon White. Sonies i wrtho fe am y tabledi wên i'n eu cymryd a pha mor anfodlon wên i 'mod i'n ddibynnol arnyn nhw er mwyn delio 'da'r boen ddyddiol. Ateb Jon wedd y dylwn i stopio'u cymryd nhw, a hynny cyn gynted â phosib, ond mewn modd cyfrifol wrth gwrs. Fel cyn-filwr ei hunan, na'th e sôn am sawl ffrind iddo wedd yn dal yn diodde o'r *Phantom Pain* a hynny, hyd at bymtheng mlynedd ar ôl colli rhan o'u cyrff mewn brwydre, a wên nhw'n parhau i ddibynnu ar gymryd tabledi er mwyn delio 'da'r boen.

Wel, a bod yn hollol onest, wên i jyst ddim isie bod yn yr un sefyllfa, yn ddyn ifanc yn cymryd tabledi bob dydd er mwyn ymdopi 'da'r boen ofnadw 'ma. Fe ddes i 'nôl gatre ar ôl y cyfarfod 'na gyda Jon ac fe dafles i'r tabledi i gyd i'r bin, bob un. Es i o gymryd rhyw ddwsin o dabledi cryf i gymryd dim byd. O edrych 'nôl nawr, wedd hon yn foment fowr i fi, y foment gynta ers y ddamwen chwe wthnos yn gynt, i fi deimlo 'mod i wir yn dechre cymryd rheolaeth dros 'y mywyd newydd i.

Gan fod 'y nghymhelliant yn uchel, fy meddylfryd yn bositif, wên i'n fwy penderfynol nag erio'd i ddod mas o'r twll du 'ma. Bellach, gyda'r tabledi yn y bin, wên i'n dechre gweld rhyw fymryn o oleuni ym mhen draw y twnnel. Er hyn i gyd, o ran delio 'da'r boen, siom oedd yn fy wynebu am y mis neu ddou cynta. Heb unrhyw dabled mwyach i'm helpu i gysgu, na'th 'yn orie cwsg i leihau i ryw awr y noson ac fe a'th y boen wel, a'th hynny drwy'r to! Dim ond 'y nheulu a'n ffrindie agosa wedd yn gwbod am 'y mhenderfyniad i ga'l gwared ar y tabledi; cyngor y bobol broffesiynol wedd y dylwn barhau i'w cymryd, neu hyd yn oed, i gynyddu'r dos. Wedd yr ochor ddiamynedd ohona i isie i bethe wella'n syth, ond ar ôl cwrdd â Jon White a gweld shwt wedd e'n ymdopi gyda phopeth, wên i'n gwbod yn y pen draw y bydden i'n elwa o'r penderfyniad 'ma. Ac yn wir, gydag amser, 'na beth ddigwyddodd; fe dda'th pethe at ei gilydd yn berffeth; y go's brosthetig newydd yn cyrradd, y boen yn lleihau, orie 'y nghwsg i'n cynyddu a'r elfen actif 'na wedd yn arfer bod mor ganolog i 'nhrefen ddyddiol i'n dechre ffindio'i ffordd 'nôl miwn i 'mywyd i.

Dwi'n credu'n gryf mewn gwrando ar negeseuon 'y nghorff, gwrando ac ymateb. Yn bersonol, nid yr opsiwn cywir i 'nghorff i na'r meddwl chwaith, wedd parhau i gymryd meddyginiaeth dros gyfnod hir. Trwy ddarllen ac ymchwilio cyson, fe ddes i i'r casgliad mai'r feddyginiaeth ore i fi wedd gwneud defnydd dyddiol o'r go's, a bod mor actif â phosib. Dwi'n teimlo bod yr ymarfer corff cyson wedi ca'l effaith bositif arna i fel unigolyn ac wedi trawsnewid yn llwyr fy ffordd i o feddwl ac o fyw. Ma mynd i'r gym nawr yn rhan hollol hanfodol o 'mywyd i, nid o reidrwydd er mwyn cadw'n ffit, ond er mwyn cadw'n iach. Iechyd yw popeth.

Un o fy hoff ddywediade... ac un dwi'n ei argymell i erill yn amal yw...

"Movement is Medicine."

Ysgol ddrud yw ysgol brofiad

Rheolaeth trwy Ddisgyblaeth

DWI'N CREDU'N GRYF yn y feddylfryd o drial newid pob sefyllfa anffodus i fod yn rhyw fath o gyfle newydd; y syniad o weld y da ym mhob drwg, gan anelu at droi sefyllfa wael yn brofiad positif. Ma'r hyn ddigwyddodd i fi wedi digwydd a dyna yw realiti bywyd bellach: lico fe neu beido ma'r go's 'di mynd, ma Ifan, y chwaraewr rygbi, yn perthyn i'r gorffennol. Felly, ma'n rhaid i fi benderfynu a ydw i isie edrych 'nôl ar bopeth a bod yn browd o'r hyn dwi wedi ei gyflawni, neu ar y llaw arall, teimlo'n siomedig a rhwystredig 'mod i nawr mewn sefyllfa 'nes i erio'd ei rhagweld. Dwi'n teimlo bod lot fowr o bethe yn dal o dan fy rheolaeth i, cofiwch; y ffordd dwi'n dewis ymateb i'n sefyllfa newydd, a'r penderfyniade dwi'n neud yn ddyddiol sy'n mynd i effeithio ar 'y mywyd yn y dyfodol, boed hynny mewn ffordd bositif neu negyddol. Ma rhan helaeth o 'mywyd i, gan gynnwys y pethe hynny dwi'n eu hystyried y pwysica mewn bywyd, yn dal o dan fy rheolaeth i.

Yn ystod y cyfnod cynnar 'na ar ôl y ddamwen, dwi'n cofio hala gyment o amser yn canolbwyntio ar yr hyn wên i'n FFEILU neud: ffeilu ymarfer, ffeilu whare rygbi ac felly, ffeilu gwireddu fy mreuddwyd... ffeilu cerdded hyd yn oed! I unigolyn wedd o hyd 'di bod yn berson actif, wedd y newid hyn yn dipyn o glatshen a bod yn onest. Ma 'na dueddiad ynon ni i gyd hwyrach, i beidio â gwerthfawrogi rhywbeth nes ein bod ni wedi ei golli. Ac wedd ca'l corff holliach er mwyn cyflawni shwt gyment o bethe, a hynny heb feddwl ddwywaith, yn rhywbeth 'nes i gymryd mor ganiataol – cerdded mynyddoedd y Preselau, rhedeg, ymarfer, codi pwyse, bod mas ar y ffarm, mynd am dro ar y beic, cwrso gwartheg adeg godro, towlu bêls gwair o gwmpas, nofio, potsian gyda gwaith adeiladu o gwmpas y tŷ ac wrth gwrs, whare rygbi. Wedd pob dim i neud 'da bod yn gorfforol ffit a wedd y gallu i neud hyn i gyd wedi diflannu mewn wincad.

Rhai wthnose ar ôl y ddamwen, dwi'n cofio ishte wrth ford y gegin gatre yn Drefach yn cymryd y tabledi 'ma i gyd a jyst dechre llefen. Wedd e'n gyfnod hynod o anodd ac er y gefnogaeth ddi-baid wên i'n ei derbyn gan fy rhieni a fy nghariad ar y pryd, wên i'n teimlo'n hynod o unig achos, yn y diwedd, wedd neb yn galler neud dim i ga'l y go's 'nôl. Wedd popeth cyfarwydd wedi dod i ben. Wedd popeth wedi newid. Yn amal yn y gorffennol, pan wedd isie clirio 'mhen, fe fydden i'n mynd mas i redeg; wedd dim dal i ble, ar hyd yr hewlydd o gwmpas Drefach, neu hyd yn oed am dro lan Cader Idris. Ond, fydde hynny ddim yn bosib bellach. Wên i'n gwbod bod rhai profiade mewn bywyd na fydden i'n llwyddo i'w gwireddu byth 'to, ac alle neb neud dim am hynny... neb o gwbwl!

Whap ar ôl y ddamwen, da'th parsel drwy'r post. Wedd un o fy ffrindie, Mathew House, prop pen tyn wedd yn arfer whare 'da fi yn y rheng flân yn nhîm ieuenctid Crymych... wedi anfon llyfr ata i gyda'r nodyn canlynol;

Ifan,

Na'th y llyfr 'ma helpu fy nghefnder yn ystod amseroedd anodd, a mae e 'di gofyn i fi hala'r llyfr mlân ato ti, rhag ofon dy fod yn stryglan yn dawel. Gobitho dy weld cyn hir.

Mathew.

I'r rheiny sy'n fy nabod i'n dda, dwi ddim erio'd 'di bod yn ddarllenwr mowr, ond, ers y ddamwen, dwi 'di darllen gyment o wahanol lyfre sy'n sôn am shwt ma unigolion penodol wedi dewis mabwysiadu perspectif positif tuag at fywyd, a hynny er gwaetha eu hamgylchiade anodd a heriol. Na'th y llyfr 'ma dderbynies i oddi wrth Mathew drwy'r post agor fy llyged i gryn dipyn; wedd e'n pwysleisio pa mor bwysig yw agwedd person wrth ddysgu delio gydag anffawd. Yn dilyn y ddamwen, dwi'n siŵr bydde'r bobol o 'nghwmpas i'n fwy na pharod i weud na nethon nhw 'nghlywed i unweth yn cwyno am fy sefyllfa, ond yn dawel bach yn y cyfnode unig, wên i'n grac, wên i'n drist a wên i'n hynod o rwystredig. Bydden i'n amal iawn yn ffeindio'n hunan yn gofyn pam na'th hyn ddigwydd? I fi? Dwi'n gwbod bod yr un cwestiwn 'di bod yn poeni 'Nhad. Yn ystod yr wthnos gynta 'na ar ôl y ddamwen, wedd Dad druan yn ca'l hunllefe. Dwi'n cofio Mam yn gweud iddi ei glywed yn gweiddi droeon yn ei gwsg, "Pam? Pam?" Bydde 'mrawd Dafydd yn codi o'i wely er mwyn helpu Mam i drial cysuro Dad yn ystod y nosweithi anodd hynny.

Ma sawl un 'di gweud wrtha i bo beth ddigwyddodd i fi ar y 5ed o Ragfyr, 2021 yn swnio'n erchyll. Ma colli rhan o'ch corff yn rhywbeth ma dyn yn dueddol o'i gysylltu gyda brwydre a rhyfeloedd. Wedd y modd y cath 'y ngho's ei rhwygo bant o 'nghorff i bron fel golygfa mewn ffilm ryfel, neu'n rhywbeth chi'n clywed amdano ar y newyddion, ond ddim yn dychmygu y bydde fe'n digwydd i unrhyw un sy'n perthyn i chi, heb sôn amdanoch chi 'ych hunan. Dwi'n cofio Dat-cu Crymych yn gweud storïe am ei brofiade fe mas yn yr Ail Ryfel Byd, ble na'th e weld ei gyd-filwyr yn diodde o anafiade a newidodd eu bywyde nhw'n llwyr. Gath Dat-cu ei saethu yn ystod y brwydro, a'r graith ar ei go's chwith yn atgof parhaus o'r anaf hwnnw am weddill ei oes. Ma gyment o bobol wedi dod draw ata i ga'l gair wrth i fi gerdded ar hyd y stryd, gan dybio mai cyn-filwr ydw i, a bod colli 'y ngho's yn ganlyniad o fod wedi bod mewn brwydr rhywle:

"*Thanks for your service, mate,*" ma sawl un 'di gweud. Dwi'n ffindo hi'n anodd gwbod shwt i ddelio 'da hynny a gweud y gwir. Falle 'mod i'n ffito'r darlun o fod yn gynfilwr, dwi ddim yn gwbod. Dwi ddim o blaid lladd, a dwi ddim o blaid rhyfel, ond mi ydw i o blaid cofio am y rheiny na'th fynd i ryfel ac yn diolch am eu haberth. Fel arfer, fy ffordd i o ymateb i'r sylw o fod yn gyn-filwr yw codi mys bawd, gwenu a chynnig ryw ateb ffwrdd â hi fel,

"Na, dim 'ex-army' ydw i, jyst rhywun na'th fwrw miwn i bostyn lamp!"

Mae hi 'di cymryd tipyn o amser ac ymarfer i fi fabwysiadu'r feddylfryd sy 'da fi nawr, cofiwch – sef trial darganfod y positif ym mhob sefyllfa bosib. Dros y tair blynedd ddwetha, ers dechre defnyddio 'y ngho's brosthetig, dwi wedi dysgu bod technoleg y go's yn wych ac yn fy ngalluogi i neud gyment, ond fel popeth technolegol, dyw e ddim yn dod heb ei brobleme! Felly, ma sawl cyfnod wedi bod pan dwi 'di ffeilu defnyddio'r go's; y soced yn rhy fowr, stwmp 'y ngho's wedi lleihau mewn maint, y *liner* wedi torri'n rhubane, 'y nghro'n i'n boenus am fod y soced yn rhwbio'n ei herbyn yn ddi-baid, tro'd y go's wedi torri, yr ochor electronig ddim yn gwitho, sy'n golygu nad yw'n bosib i fi glatsho mlân 'da'n 'mywyd i. Ac wedyn, yn ychwanegol at hyn i gyd, ma sawl achlysur pan dwi jyst 'di anghofio 'chargo'r' go's! Wes, credwch neu beidio, ma rhaid i fi rhoi'r go's ar *charge* bob cwpwl o ddwrnode. Ody, ma delio â byd y prosthetics yn galler bod yn rhwystredig rhyfeddol. Y gwirionedd yw, ma'r rhestr o'r hyn sy'n galler mynd o'i le, yn un weddol hir. Y peth sy'n codi tipyn o ofon arna i yw bod lot mwy yn galler mynd o'i le ar y go's na'r hyn dwi wedi'i brofi'n barod. Yn y cyfnode hyn, pan ma pethe'n teimlo'n weddol anobeithiol, mae'n beth hynod o anodd darganfod yr hyn sy'n bositif! Ond, i fi, dwi bob tro yn anelu canolbwyntio ar yr hyn dwi'n dal yn galler 'i gyflawni. Ma dangos disgyblaeth yn 'y mywyd dyddiol yn golygu y bydda i, yn y dyfodol gobitho, yn galler edrych 'nôl a bod yn falch o 'newisiade i.

Fel chwaraewr rygbi, wedd sicrhau bod digonedd o faeth yn fy neiet yn elfen allweddol wrth drefnu prydau bwyd, a wên i'n hala ffortsiwn ar fwyd bob wthnos! Sdim dowt bod chwaraewyr y dyddie 'ma yn anelu bod yn fwy o faint, yn gyflymach ac yn gryfach na chwaraewyr y gorffennol. Agwedd bwysig yn hynny o beth, wrth gwrs, yw'r ymarfer di-baid, ond heb y ddeiet gywir a'r twmpath o fwyd maethlon sy'n rhan o hynny, dyw'r ymarfer ddim yn golygu llawer. Pan ymunes i â'r Gweilch, wên i'n pwyso rhyw 90 cilogram; erbyn diwedd 'y ngyrfa wên i yn pwyso tua 105cg i 110cg, ond eto wên i'n dal ymhlith yr ysgafna o flaenwyr y Gweilch. Trwy gydol 'y ngyrfa, yr adborth cyson fydden i'n ei dderbyn wedd bod angen i fi bwyso mwy. Ma gofynion y rheng flân yn enfawr, y sgrym yn ddylanwad mowr ar y gêm fodern a phob cilogram yn neud gwahaniaeth. Ar ôl blynydde o waith caled yn ymarfer yn y stafell bwyse a stwffo'n hunan 'da chig coch, wyau, cyw iâr a reis er mwyn trymhau 'y nghorff, o ganlyniad i'r ddamwen, fe golles i rhyw ddeg i ddeuddeg cilogram o fewn dim.

Yr hyn dwi 'di dysgu, fel rhan o'r broses o ymgyfarwyddo 'da'r go's, yw ei bod hi'n haws o lawer delio â gofynion cerdded o ddydd i ddydd pan dwi'n ysgafnach o gorff. Mae'n bwysig i fi hefyd bod yn wyliadwrus o gadw 'mhwyse'n weddol gyson am fod hyn yn ca'l effaith sylweddol ar ba mor gyfforddus fydd y soced yn teimlo ar y go's. Mewn ffordd, es i o un pegwn i'r llall – o neud 'y ngore glas i gynyddu fy mhwyse er mwyn ateb gofynion chwaraewr proffesiynol yn y rheng flân, i sefyllfa o isie colli pwyse mor gyflym â phosib er mwyn galler ffitio i mewn i soced y go's brosthetig. Dyma yn syth felly wedd y ffocws newydd, yr unig ffocws a gweud y gwir; colli pwyse, a sicrhau 'mod i'n bwydo 'y nghorff gyda'r bwyd a'r maeth cywir.

Erbyn hyn, gan fod tipyn mwy o brofiad 'da fi o fyw gyda cho's brosthetig, dwi 'di dod i ddeall bod pob dim dwi'n ei neud yn gorfforol yn ca'l dylanwad enfawr arna i. Ma pob penderfyniad dwi'n ei neud heddi yn sicr yn ca'l effaith ar beth yn union dwi'n galler ei gyflawni yn y dyddie sy'n dilyn. Fel unigolyn sydd wedi colli ei go's uwchben y ben-glin, ma tair rhan i'r go's brosthetig. Yn gynta, y soced; dyma ran uchaf y go's a dyma sy'n cysylltu'r go's brosthetig gyda 'y nghorff i. Yn y soced bydda i'n rhoi stwmp 'y ngho's er mwyn galler gwneud defnydd ohoni. Yn ail, y ben-glin, dyma lle ma'r *magic*... dyma lle ma'r dechnoleg anhygoel. Ma technoleg yn y ben-glin yn llawer rhy gymhleth i fi hyd yn oed ddechre ei ddeall. Digon yw dweud 'mod i'n gorfod hala'r go's 'nôl i'r Almaen bob blwyddyn ar gyfer ca'l *service*! Y drydedd ran yw'r dro'd; ma'r dro'd a'r ben-glin yn gweithio gyda'i gilydd, a'r dro'd mwy neu lai sydd yn gweud wrth y ben-glin pryd ma isie plygu'r go's. Y dro'd sy'n gyfrifol am drosglwyddo'r egni am yn ôl er mwyn 'yn helpu i gerdded mor rhwydd â phosib. Barn canran helaeth o'r bobol sy'n gweithio yn y byd prosthetics yw, er gwaetha'r holl dechnoleg anhygoel sy'n rhan o'r ben-glin, y rhan fwya allweddol o'r holl broses yw sicrhau bod y soced yn ffito'n gywir; heb y soced cywir dyw'r go's ddim yn galler cysylltu gyda'r corff yn ddigon da i alluogi'r perchennog i'w rheoli hi'n iawn. Ie wir, heb y soced cywir, dyw'r dechnoleg yn y go's yn werth dim!

Ysgol ddrud yw ysgol brofiad, medden nhw ac fe 'nes i sylweddoli'n weddol glou bod yr arbenigwyr prosthetics 'ma yn llygad eu lle. Er taw dyma'r elfen rata, y soced yw rhan bwysica'r go's, yr elfen fwya amhrisiadwy, heb un dowt. Ma'r soced fel bwced fowr sydd wedi'i neud mas o garbon ffeibr; mae e'n gadarn, mae e'n dwff ac os yw e'n ffito'n gywir, mae e hefyd yn ddigon esmwyth i'w wisgo

83

drwy'r dydd, bob dydd. Bob bore dwi'n rhoi stwmp 'y ngho's i mewn i'r bwced carbon ffeibr 'ma, sef y soced, a dwi 'di dod i sylweddoli fwyfwy shwt ma fy ngweithrediade dyddiol i'n galler ca'l yr effaith fwya syfrdanol ar beth galla i ei gyflawni o ddydd i ddydd.

Rhyw bedwar mis ar ôl y ddamwen, er mwyn trial codi'n ysbryd i, fe benderfynodd Josh a finne fynd mas am noson i Gaerfyrddin. Wên ni'n ôl gatre'n ddigon parchus erbyn tua hanner nos, ond wedd y difrod wedi ei neud eisoes. Fe godes i'r bore wedyn a dilyn y broses arferol o wisgo'r go's brosthetig, ond wedd hi ddim yn ffitio! Wên i jyst ddim yn deall beth wedd 'di digwydd. Yn sydyn, fe gwmpodd y geinog! Wên i 'di defnyddio'r go's y dwrnod cynt am gyfnod tipyn yn hirach na'r arfer ac wên i 'di byta ac yfed yng nghwmni Josh heb feddwl dim shwt fydde hynny'n effeithio ar 'y ngho's i. Ond, y dwrnod canlynol, wedd y stwmp 'di chwyddo, y soced ddim yn ffitio a'r canlyniad wedd 'mod i'n ffeilu cerdded! Felly, fe ddysges i'n weddol glou bod angen i fi fod yn fwy disgybledig o lawer o ran yr hyn wên i'n neud a beth wên i'n ei fyta a'i yfed, am fod y cyfan yn ca'l effaith andwyol ar 'y ngallu i i gerdded a symud. Pedwar neu bump cilogram yn drymach neu bedwar neu bump cilogram yn ysgafnach a dyw'r soced ddim yn ffitio. Rhwystredigaeth, rhwystredigaeth! Felly, fe benderfynes i roi tipyn o bwyslais ar ymarfer a mynd i'r stafell bwyse yn amal ond, yn fwy na hynny, wedd rhaid i fi wir ganolbwyntio ar yr hyn wên i'n byta ac yfed. Dechreues i bwyso pob dim wên i'n ei fyta er mwyn sicrhau bod 'y mhwyse i'n aros yn gyson ac yn y gobeth y bydde hynny, yn y pen draw yn 'y ngalluogi i i gerdded am gyfnode hir a mwynhau achlysuron arbennig heb ofidio am ffeilu cerdded y dwrnod canlynol!

'Nes i ddysgu gyment ambyti fi'n hunan yn ystod y misoedd cynnar 'na. Ma'n beth digon od i weud, ond dwi'n edrych 'nôl ar y cyfnod 'na nawr gan deimlo'n ddiolchgar 'mod i wedi gorfod diodde'r hyn 'nes i. Cyfnod mwya poenus 'y mywyd yn bendant wedd hwn; bydden i'n fodlon mynd ganwaith trwy'r boen o ishte ar ochor yr hewl yn dala ngho's a gweld y *femur* gwyn yn hongian mas, na mynd trwy boen y misoedd na'th ddilyn y ddamwen – sef cyfnod y *Phantom Pain*. Dwi'n bendant wedi dysgu gyment am shwt i fod yn berson mwy disgybledig, amyneddgar a diolchgar. A bod yn onest, ma'r profiad o golli 'ngho's wedi rhoi rhyw hyder newydd i fi, hyder sy'n neud i fi deimlo y bydda i nawr yn galler ymdopi 'da beth bynnag ddaw i'm rhan yn y dyfodol.

Un cwestiwn dwi'n gofyn i'n hunan yn amal dyddie 'ma yw, a fydd Ifan y dyfodol yn hapus gyda phenderfyniade a dewisiade Ifan y presennol? Ac os mai 'na' yw'r ateb, wel dwi'n ailystyried a ddylen i fwrw mlân 'da'r weithred honno wedyn. Yn fy nhyb i, ma popeth ni'n neud o ddydd i ddydd yn dueddol o ga'l rhyw fath o ddylanwad ar ein dyfodol fel unigolion, felly ma'r gallu i neud penderfyniade doeth, neu annoeth, yn ein dwylo ni. A dwi wir yn credu bod fy mhenderfyniad i drial bod yn ddisgybledig o ran cadw'n iach yn feddyliol ac yn gorfforol, wedi 'y ngalluogi i i fyw bywyd annibynol a gweddol normal. Erbyn hyn, dwi'n galler neud defnydd o'r go's brosthetig am gyfnode hir iawn. Ac ma hynny mor hanfodol bwysig i fi. Wedi'r cyfan, dwi ddim isie bod 'y nheulu a'n ffrindie'n gorfod addasu ac arafu eu bywyde nhw o'n achos i; yr her i fi yw anelu byw 'y mywyd ar yr un tempo a chyflymder â phawb arall.

Dwi'n cofio dechre ymchwilio i goese prosthetig yn glou iawn ar ôl y ddamwen, gan mai dyna fydde'r ffordd mlân i fi bellach. Un o'r ystadegau na'th dipyn o argraff arna i wedd faint yn fwy o egni ma unigolyn sy'n defnyddio co's brosthetig yn ei ddefnyddio o'i gymharu ag unigolyn cyffredin. Yn fy sefyllfa i, sef person sy'n gwisgo co's brosthetig uwchben y ben-glin, fe 'nes i ddarganfod y bydden i'n defnyddio 60-80% yn fwy o egni i gwbwlhau'r un weithred â rhywun cyffredin, rhywun abl. Ma unigolion sy'n defnyddio dwy go's brosthetig uwchben y ben-glin yn llosgi 200% yn fwy o egni na'r person cyffredin. Fe 'nes i sylweddoli felly, pe bawn i am fanteisio i'r eitha ar 'y ngho's brosthetig i, bod gwir angen i fi fod yn y cyflwr corfforol gore posib a hynny drwy'r amser. Un fantais o losgi mwy o egni na'r dyn cyffredin yw'r cyfle dwi'n 'i ga'l yn weddol gyson o fwynhau mwy o bancos Mam-gu!

Dwi'n atgoffa fy hunan yn amal, er i fi fod mewn damwen ofnadw, 'mod i'n berson eithriadol o lwcus; fe ddes i ben â derbyn un o'r coese prosthetig mwya soffistigedig ar y farchnad drwy gymorth ariannol pobol gymwynasgar, nifer ohonyn nhw yn bobol wên i heb gwrdd â nhw yn bersonol erio'd, a chymorth anhygoel y gymuned rygbi, nid yn unig yn lleol yng Nghrymych a gyda'r Gweilch, ond ar draws y wlad a hyd yn oed ar draws y byd. Oherwydd hyn i gyd, wdw, dwi'n teimlo'n hynod, hynod o ffodus, ond, yn rhyfedd iawn, dwi hefyd yn teimlo bod rhyw fath o gyfrifoldeb ar fy ysgwydde. Bydden i'n lico meddwl 'mod i'n anelu at fyw 'mywyd mewn ffordd itha positif ac o bosib, 'mod i'n llwyddo, yn sgîl hynny, i fod yn fodel rôl i ambell berson arall sy wedi diodde 'run anffawd â finne, neu un debyg. Dwi'n gobitho hefyd bod gweld fy agwedd bositif i at fywyd yn fodd i ddangos fy ngwerthfawrogiad i'r rhai hynny a fuodd mor garedig wrtha i, yn rhoi o'u harian a'u hamser i'n helpu i 'nôl ar 'y nhra'd.

Wrth edrych 'nôl ar bopeth, dwi'n teimlo'n gryf bod 'y nghyfnod fel chwaraewr rygbi proffesiynol wedi 'mharatoi i ar gyfer y bennod newydd 'ma yn 'y mywyd – yr adege niferus hynny o deimlo siom yn dilyn peidio â cha'l fy newis i whare mewn gêm, yr anafiade bach wedd yn arafu'r broses o ddatblygu fel chwaraewr, y pwyse meddyliol o isie gwella bob dydd, heb sôn am agwedd gorfforol y gêm a'r ddisgyblaeth ddyddiol o fynychu sesiynau ymarfer dwys a hynny'n amal pan wedd y whant i 'neud yn fach! Ac, mewn ffordd, ma hynny'n debyg iawn i 'mywyd i ar hyn o bryd; dwi ar adege'n diodde cyfnode o deimlo'n isel, ac ma anafiade bach yn ddigon i neud i fi bron â danto ambell waith; ond er hynny ma'r penderfyniad i fod yn bositif, i ymddiried yn y broses ac i neud y pethe hynny sy'n mynd i ga'l effaith gadarnhaol ar 'y mywyd i, wel ma'r cyfan 'na i gyd o dan fy rheolaeth i. Y ffordd mlân i fi yw trwy anelu at ga'l meddwl iach a chorff iach a chanolbwyntio, nid ar yr hyn sy y tu fas i'n rheolaeth i, ond yn hytrach, ar ddisgyblu a rheoli'r hyn sy' o fewn fy ngallu personol i!

Ma ddoe yn perthyn i'r gorffennol, ond ma'r dyfodol, yn bendant, yn fy nwylo i!

"Dwi'n gredwr cryf mai trwy 'neud' ma'r dysgu pwysica'n digwydd"

Crymych –
Cwins Caerfyrddin – Cymru

I FI'N BERSONOL, fe dda'th diwedd haf 2015 â sawl dechreuad newydd yn ei sgîl. 'Rôl joio penwthnos 'da'r bois ym Maes B yn Steddfod Meifod, wedd profiade newydd yn 'y nishgwyl i – o ran y rygbi a hefyd fy addysg. A finne nawr yn 19 mlwydd oed, wên i 'di tyfu'n rhy hen bellach i whare 'da Ieuenctid Crymych. Wedi derbyn y gwahoddiad i ymuno â charfan Cwins Caerfyrddin, wên i'n itha edrych mlân i ga'l whare mewn cynghrair wahanol ar lefel uwch. Gethon ni gwpwl o gemau cyfeillgar rhag-dymor yn erbyn Castell Newydd Emlyn ac Arberth, ac wedyn y gwrthwynebwyr wythnosol wedd timau fel Bedwas, Castell-nedd, Aberafan, Pontypridd, Llanelli, Caerdydd, Casnewydd, Glynebwy a Cross Keys. Erbyn hyn, wên i hefyd wedi dechre fel myfyriwr yng Ngholeg y Drindod – a phenwthnos y GymGym (y Gymdeithas Gymraeg) eisoes wedi bod ganol Medi, i'n helpu ni i gyd setlo miwn! Er na wedd gatre ond prin hanner awr o ddreif lawr yr hewl o Gaerfyrddin, wên i wedi penderfynu aros yn un o neuaddau preswyl y Drindod, i fod yn stiwdent go iawn, wrth gwrs!

Wên i 'di penderfynu dilyn y cwrs Therapi Chwaraeon gyda'r bwriad, falle yn y pen draw o fynd yn ffisiotherapydd. Wên i a dwi'n dal i weld pob dim sy'n ymwneud â'r corff yn hynod o ddiddorol. Yn y cyfnod 'ma, dim ond mis neu ddou ar ôl dechre whare gyda'r Cwins, wedd y syniad o fod yn chwaraewr rygbi proffesiynol ddim wir yn rhywbeth realistig o gwbwl, er wrth gwrs yn dal yn uchelgais yn bendant. Dyna'r freuddwyd ers yn grwtyn ifanc, galler 'byw a bod' yn whare rygbi a neud bywoliaeth mas o hynny hefyd! Perffeth!

Wedd e'n deimlad itha rhyfedd; ar ôl joio bob munud yn whare rygbi am dros ddeng mlynedd gyda ffrindie oes, wên i bellach yn ca'l 'y nhalu am whare 'da thîm is-broffesiynol Cwins Caerfyrddin, pob ceiniog yn help i'r myfyriwr bach tlawd wrth gwrs! Ar ddiwedd pob mis, bydden i'n derbyn amlen fach frown a'r tâl tu fewn yn dibynnu ar sawl gêm wên i 'di whare yn ystod y mis. Wedd ambell amlen yn fwy trwchus 'na'r gweddill, a hynny wrth gwrs yn arwen at dipyn o dynnu co's ymysg y bois. Fel arfer, bydden ni'n ymarfer ar Gae Gwili yng Nghaerfyrddin bob nos Fowrth a wedyn trafeili lan yr hewl i Barc y Scarlets er mwyn ymarfer yn y 'barn' ar nos Iau. Wedd carfan y Cwins yn cynnwys bechgyn wedd yn dod o Gaerdydd, Abertawe a Llanelli yn ogystal ag ardal Caerfyrddin ei hun. Bydde sawl un ohonon ni'r bois yn cwrdd ym maes parcio Morrisons, Caerfyrddin, er mwyn rhannu liffts lan i Lanelli ar y nos Iau – fi, Gavin Thomas (sef chwaraewr a na'th fy helpu i setlo mewn gyda'r Cwins o'r cychwyn cynta am ei fod yn aelod hefyd o Glwb Rygbi Crymych), Lee Taylor, Morgan Griffiths a Gethin Robinson, pedwar chwaraewr profiadol 'da'r Cwins wrth gwrs. Wedd y Corsa bach wedd 'da fi ar y pryd yn stryglan dipyn gyda'r pwyse, credwch chi fi! Wên ni'n ymarfer ym mhob math o dywydd yng Nghaerfyrddin wrth gwrs, yn y mwd a'r gwynt a'r glaw. Yn naturiol felly, bydden i'n dychwelyd i neuadd y myfyrwyr yn wlyb, yn frwnt ac yn fwdlyd ofnadw – at fy *house mates* Jordan Ellis ac Adam Butler, dou bêl-droediwr a fydde'n syllu'n syn arna i ac yn ffeilu credu bod unrhyw dwpsyn isie whare rygbi! Fe drion nhw 'mherswadio fi sawl gwaith i newid a mynd i whare'r bêl gron! Heb Mam i olchi'r dillad brwnt, fe fydde peiriant golchi'r myfyrwyr yn gwitho *overtime* 'da fi ar y nosweithi hynny!

Ta beth, fel wedd pethe ar y pryd, wedd gofyn setlo lawr i waith coleg a neud y gore allen i. Wedd y tymor cynta 'na'n gymysgedd o ymgyfarwyddo â gofynion bywyd coleg; y traethode, y profion, yr asesiade a hefyd whare 'da'r Cwins ar y penwthnose. Gan fod gyment o bwyslais ar ddysgu am y corff dynol yn rhan o'r cwrs coleg, fe benderfynes i brynu sgerbwd maint person go iawn er mwyn fy helpu i ddysgu lleoliad a swydd y gwahanol esgyrn o fewn y corff – chi'n gwbod y fath o sgerbwd dwi'n meddwl, fel y rhai sydd mewn labordai Gwyddoniaeth mewn ysgolion ar hyd a lled y wlad. Wel, fe 'nes i enwi'n sgerbwd i yn Sheldon, ar ôl y cymeriad ar raglen *The Big Bang Theory* ar y teledu. A wir, fe deimles i fod Sheldon wedi bod yn dipyn o help i fi wrth ddysgu ar gyfer y profion ffisegol bydden i'n eu ca'l yn weddol gyson yn y coleg. Gatre yn Hafod wedd Sheldon yn byw a dwi'n cofio mynd gatre ar gyfer gwylie'r Nadolig ar ddiwedd y tymor cynta hwnnw a Mam wedi ei wisgo â thinsel coch rownd ei wddwg a chapan Sion Corn ar ei ben! Wedd Sheldon, fel finne, yn barod am wylie!

Brynhawn Mowrth, 1af o Ragfyr 2015, fe ges i decst oddi wrth Mark Taylor, Rheolwr Tîm Cymru, dan 20 oed, yn gofyn i fi fynd i ymarfer 'da'r garfan y dydd Llun canlynol. Wên i eisoes wedi ca'l fy sgrinio 'nôl ym mis Hydref – profion y galon ac ati – er mwyn gweld na wên i'n diodde o unrhyw broblem feddygol. Felly, bant â fi i'r Vale ar ddydd Llun 7fed o Ragfyr am fy sesiwn hyfforddi gynta dan 20. Wên i ddim yn nabod fowr neb 'na a gweud y gwir. Yn amlwg wên i'n teimlo bach yn nyrfys, ond wedd hynny'n ddigon naturiol. Fel ffordd o wella a datblygu ein sgilie ni'r bois ar y lefel 'ma, bydden ni'n derbyn adroddiad gan yr hyfforddwyr yn nodi'n cryfdere ni fel chwaraewyr a hefyd, wrth gwrs, y meysydd wedd angen eu gwella. *Front*

5 Skills Clinic wedd ar frig yr adroddiad. O dan yr adran *Good Practice* wedd fy adroddiad i yn nodi: *"Contributes well in phase play and shows an ability to function effectively at the contact area with good technique and attitude."*

Wedd canmoliaeth hefyd am y modd bydden i'n defnyddio 'nghorff yn y broses o dowlu mewn i'r lein, er mwyn ca'l fwy o egni a phŵer yn y tafliad, sgil anodda'r gêm heb os nac oni bai. Falle bod yr holl orie hales i'n towlu pêl yn erbyn talcen y tŷ gatre yn Hafod dros yr holl flynydde wedi dwyn ffrwyth o'r diwedd! O dan y sylwade cyffredinol wedd anogaeth:

"Keep working hard on your position specific skills."

Wên i'n teimlo bod y profiad wên i eisoes wedi ca'l yn whare 'da Cwins Caerfyrddin yn y Cwpan Her a'r Uwchgynghrair yn amlwg wedi gwella fy sgilie i hefyd. Ma'r adroddiad 'na 'nôl yn Rhagfyr 2015 yn dal 'da fi gatre. Bydden ni fel grŵp yn neud ein siâr o wylio fideos o gemau wrth gwrs, fel rhan o ddadansoddi perfformiade'r tîm a hefyd fideos o'n gwrthwynebwyr nesa ni. Dwi'n cofio ni i gyd fel chwaraewyr yn ca'l dyddiadur i'w ddefnyddio gyda *Diary 2015-16 I am Wales U20* ar y clawr. Bydden ni'n ca'l ein hannog i neud nodiade mewn sesiynau trafod cyn ymarfer ac wrth gwrs nodiade penodol am arddull a chryfdere'r gwahanol wledydd bydden ni'n eu hwynebu yn y gêm nesa. Wedd y cyfan yn rhan annatod o'r gwaith paratoi; ond ar y ca' whare wedd y mwynhad mwya i fi, sdim dowt. Dwi'n gredwr cryf mai trwy 'neud' ma'r dysgu pwysica'n digwydd.

Cynhaliwyd rhagor o sesiynau yn ystod y flwyddyn newydd ddechre 2016 mewn *training camp* yn y Vale o Ionawr 1af i'r 3ydd, a sesiynau ychwanegol ar y 11eg, y 13eg a'r 18fed o Ionawr. Dwi'n cofio sefyll arholiad yn y coleg ar ddydd Mercher 13eg o Ionawr cyn teithio i'r Vale. Ac yna, ar y 19eg, fe nethon nhw gyhoeddi'r garfan dan

20 ac o ganlyniad, wên i'n chwaraewr balch iawn, wrth fynd 'nôl lan i'r Vale ar yr 20fed. Gethon ni sesiwn ymarfer y dwrnod canlynol gyda'r Scarlets fel paratoad pellach ar gyfer gêm gynta'r Chwe Gwlad mas yn Donnybrook, Iwerddon. Hedfanodd y teulu, Mam, Dad, Elen fy chwa'r a Delun, chwa'r ifanca Mam, mas nos Iau, y 4ydd o Chwefror ar gyfer y gêm y noson ganlynol, ar nos Wener y 5ed. Dod mlân o'r fainc 'nes i i ennill fy nghap cynta a hynny tua diwedd y gêm.

Wedd y garfan yn cynnwys enwau sy wedi tyfu'n ddigon cyfarwydd erbyn nawr i ddilynwyr y bêl hirgron – blaenwyr fel Corey Domachowski, Leon Brown, Kieron Assiratti, Dillon Lewis, Adam Beard, Harrison Keddie, Shane Lewis-Hughes; nifer ohonyn nhw wedi ennill eu capie llawn dros Gymru erbyn hyn, wrth gwrs. Ymysg yr olwyr wedd enwe fel Billy McBryde, Reuben Morgan-Williams, Jarrod Evans, Owen Watkins, Kieran Williams, Daniel Jones, Harri Millard, Keelan Giles a Rhun Williams. Ein capten ni wedd y blaenasgellwr profiadol Tom Phillips a enillodd 16 o gapiau i gyd dros Gymru dan 20. Wedd Tom, Owen Watkin, Jarrod Evans, Dan Jones a Dillon Lewis eisoes wedi whare mewn gemau Pro 12 yn ystod y tymor. Ar y llaw arall, wedd Keelan Giles a Reuben Morgan-Williams yn dal yn ddisgyblion ysgol! Felly, wedd tipyn o gymysgedd o ran oedran a phrofiad yn y tîm. A dyna pham, a bod yn onest, na wedd unrhyw ddisgwyliade uchel y bydde'r garfan dan 20 yn neud argraff fowr ar y twrnament y flwyddyn honno. Wedd Jason Strange yn ei flwyddyn gynta fel hyfforddwr y tîm hefyd. Felly, anodd wedd rhagweld a fydde 'na lwyddiant yn dod i Gymru ai peidio.

Wedd noson ennill fy nghap cynta dan 20 yn hyfryd; nid fi yn unig wedd 'di ennill yr un fraint a'r anrhydedd yn ystod y gêm honno achos wedd wyth o'r chwaraewyr wedd yn dechre'r gêm heb whare dros Gymru o'r blân. Fe dreulies i'r noson gyda'r teulu yn dathlu cyn dychwelyd i'r gwesty at weddill y garfan. Hedfanon ni'n ôl gatre y dwrnod canlynol; y cam cynta wedi ei gwbwlhau'n llwyddiannus tuag at gipio'r Gamp Lawn y flwyddyn honno, felly. Ein gêm nesa wedd gatre yn erbyn yr Alban ar 12fed o Chwefror. Unweth 'to ges i gefnogaeth y teulu, a wedd Mam-gu hefyd y tro hwn wedi trafeili i Barc Eirias, Bae Colwyn yn ogystal â chriw o ffrindie da a ffyddlon. Y sgôr terfynol wedd 18 i 15, gêm itha agos felly, ond wedd y fuddugoliaeth yn sicrhau parhad yn ein bwriad a'n nod o ennill y Gamp Lawn.

Bythefnos yn ddiweddarach, y gwrthwynebwyr wedd Ffrainc. Whare ym Mharc Eirias unweth 'to. Yn ddigon rhyfedd, i fi a'r teulu, wedd y teithio i whare 'gatre' ym Mae Colwyn yn cymryd yn hirach bron na theithio i whare bant! Ond wedd awyrgylch hyfryd bob tro ym Mharc Eirias, er bod y gwynt yn fain ofnadw 'na yn ôl y cefnogwyr, ac wrth gwrs ennill 'to fu'r hanes, y tro hwn 16 i 10. Yn Ashton Gate, Bryste wedd y gêm yn erbyn y Saeson ar yr 11eg o Fawrth, 2016. Erbyn hyn, wên ni'r Cymry yn mynd am y Goron Driphlyg a hynny a gweud y gwir yn sioc i nifer. Wedd tipyn o hyder wedi datblygu ymysg y chwaraewyr yn dilyn ein llwyddiannau ni. Wedd y gweithgareddau mwy cymdeithasol fel cynnal cwisiau a datrys problemau ymenyddol, yn ogystal â'r ymarferion canu wedi bod o help i greu grŵp o fois agos a gweithgar. Fe fydden ni'n canu sawl cân i gyd, ond teg dweud mai 'Sweet Caroline' wedd y ffefryn gan bawb, a 'na'r un fyddech chi fwya tebygol o'i chlywed ar ddiwedd pob gêm pe baech chi digwydd bod yn sefyll tu fas i'r stafelloedd newid!

Wel buddugoliaeth arall dda'th i ran y Cymry ym Mryste; ennill yn itha rhwydd a'r sgôr o 42 i 16 yn adlewyrchu hynny, a'r Goron Driphlyg yn saff. Wedd wthnos i fynd cyn y gêm fowr nawr yn erbyn yr Eidal, sef y gêm a fyddai'n sicrhau'r Gamp Lawn i ni. Bant â ni am Barc Eirias unweth 'to a'r cyffro'n amlwg ymysg y dorf wedd yn cynnwys ffrindie ac aelodau teuluoedd y bechgyn a oedd wedi ein cefnogi ers y gêm gynta honno, mas yn Donnybrook. Ennill fu'r hanes; y sgôr o 35 i 6 eto'n adlewyrchiad o benderfyniad y bois. Wedd hi'n hyfryd ca'l dathlu gyda'r teulu unweth yn rhagor a theimlo mor browd o'r fedal gethon ni i gyd fel chwaraewyr. Dwi'n cofio dal y fedal lan o flân Dad a gweud wrtho,

"Dad, ti 'di ennill sawl peth, ond ti heb ga'l un o rhein!"

Wedd ei falchder e'n amlwg. A gweud y gwir, dyma'r foment na'th neud i'r freuddwyd afrealistig o fod yn chwaraewr rygbi proffesiynol droi ychydig yn fwy real i fi. Wedd fy nghymhelliant yn uchel a'r profiad o lwyddo gyda'r tîm o dan 20 wedi rhoi blas i fi o shwt deimlad fydde hi o ga'l ennill cap llawn dros 'y ngwlad; wedd hyn i gyd yn 'y ngwneud i'n fwy penderfynol byth o gwrso fy mreuddwyd. Y dechreuad wedd hwn i fod...

Yn dilyn yr holl ddathlu ar y ca', tynnu llunie ac ati, wedd isie newid i'r siwt smart ffurfiol, y crys glas a thei goch ar gyfer y derbyniad yn y clwb. Yn wahanol i 'Nhad, wedd e wir ddim yn or-hoff o'r holl ffws – y gwisgo lan ac ati yn dilyn gêm, wên i'n itha joio'r cyfle i binco a gweud y gwir. Yr unig drafferth 'da gwisgo'r crys glas 'ma, wedd bod angen gwisgo *cufflinks*, a wên i ddim yn berchen ar shwd bethe ar y pryd. Mam dda'th i'r adwy; ges i fenthyg pâr o *cufflinks* Dat-cu, tad Mam. Wên i 'di colli 'Nhad-cu 'nôl yn 2005, llai nag wthnos cyn 'y mhen-blwydd i'n naw oed. Wedd hi'n golygu lot i Mam 'mod i'n eu gwisgo nhw, bod rhywbeth bach o eiddo Dat-cu gyda fi ar achlysur mor nodedig. A bydde fe 'di bod mor browd 'fyd.

Yn amlwg, yn dilyn llwyddiant y Gamp Lawn, fe gafodd y chwaraewyr ifanc gryn sylw. Un a dderbyniodd dipyn o sylw wedd yr asgellwr, Keelan Giles. Wedd e 'di sgorio sawl cais allweddol yn y gêm agos yn erbyn yr Alban a hefyd dou gais yn y fuddugoliaeth yn erbyn Lloegr. Yn sicr, wedd e ddim yn edrych mas o'i le o gwbwl, er mor ifanc, a'r profiad o fod yng ngharfan tîm Cymru dan 18 oed wedi talu ar ei

Cyw melyn ola'r teulu.

Elen, Daf a finne (hoff liw Mam yw coch – jyst rhag ofon bo chi heb sylwi!).

Ennill twrnament o dan 10 oed yn Hendy-gwyn, 2006. Finne'n sefyll yng nghanol pawb yn dal gwobr Chwaraewr y Twrnament yng nghwmni Dad a Hywel Wyn Jones, ein hyfforddwyr.

Blas cynnar o lwyddiant cystadleuaeth Cwpan Sir Benfro gyda Chlwb Rygbi Crymych. Finne ar y chwith ac Ilan Wyn Jones, ein mewnwr, ar y dde yn y tîm o dan 11 oed, 2007.

Cofia Ddysgu Byw – cynrychioli Ysgol y Preseli 'nôl yn 2013. Whare ar ga' Clwb Arberth yn erbyn ysgol Syr Thomas Picton.

Ennill Cwpan Sir Benfro am y tro cynta gyda Thîm Ieuenctid Crymych, Ebrill 2013, gyda Daf fy mrawd a hefyd Dad fel hyfforddwr.

Y rheng flân yn ca'l llun i ddathlu! Finne ar y chwith, Mathew House yn y canol ac Ifan (Clôs) James ar y dde (2013).

Elen a Mam – aelodau o'r Orsedd.

Dathlu pen-blwydd arbennig Daf yn 30 a Mam-gu yn 90 oed ar yr un dwrnod – Awst 8fed, 2024.

Dad, fy arwr a finne.

Yng nghrys Cwins Caerfyrddin am y tro cynta, mewn gêm rhagdymor yn erbyn Castell Newydd Emlyn, 2015.

Dilyn ôl tro'd fy nhad yn whare ar faes y Gnoll, Castell-nedd.

Sgorio pumed cais y Gweilch ym munude ola'r gêm (24ain o Chwefror, 2018). Buddugoliaeth yn erbyn y Toyota Cheetahs 28 i 27. Cais cofiadwy iawn.

(Llun: INPHO PHOTOGRAPHY)

Whare yn erbyn Caerdydd yn stadiwm pêl-droed y brifddinas ddydd Calan 2021, gyda geiriau Mr. Vobe yn atseinio yn fy nghlustie 'Dwy law ar y bêl, Ifan!'.

(Llun: INPHO PHOTOGRAPHY)

Awst 2022, fy ngho's chwith mewn brês yn dilyn llawdriniaeth. A Deio Glyn, fy nai, isie clywed stori.

O'r darllen i'r canu! Deio Glyn â diddordeb mowr yn y gitâr. (Haf 2023).

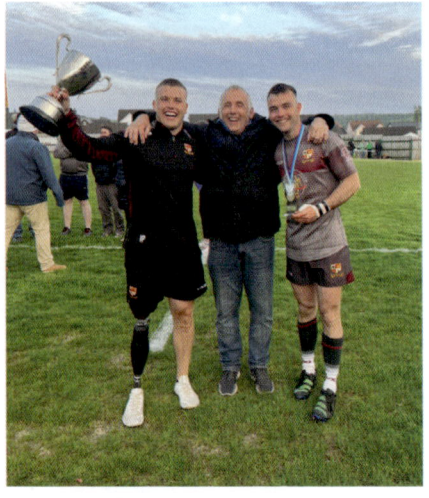

Dathlu ennill Cwpan Sir Benfro 19eg o Fai, 2023 yng nghwmni Daf, Seren y Gêm.

Y ddou ddyn sy wedi ca'l y dylanwad mwya arna i.

Ennill Seren y Gêm yn erbyn Caerdydd, Dydd Calan 2021 yn ystod y Cyfnod Clo; stadiwm wag, dim torfeydd. Derbyn canmoliaeth gan y capten, Justin Tipuric.
(Llun: INPHO PHOTOGRAPHY)

1,086 metr uwchben lefel y môr ar ben Table Mountain, De Affrica. Taith Cwpan y Byd dan 20 yng nghwmni Lauren Jenkins a Llew Williams. 06.07.2023.

Fi a Lauren Jenkins yn Stadiwm Athlone yn gwylio chwaraewyr ifanc Cymru yn herio Ffrainc yng Nghwpan y Byd dan 20.

Hen gryse gwrthwynebwyr Dad yn dod yn handi ar gyfer noson soshal cryse retro Clwb Rygbi Crymych; finne'n gwisgo crys Ffrainc a Daf yn gwisgo crys yr Alban.

Mas yn mwynhau ar y beic modur ym Mannau Brycheiniog (1af o Fedi, 2021).

Y 'Jammie Dodger Pancakes' – llun 'nes i dynnu jyst munude cyn y ddamwen (5ed o Ragfyr, 2021).

Yn y caiac am y tro cynta ar ôl colli fy ngho's, yn ystod cyfnod ffilmio'r rhaglen ddogfen, *Y Cam Nesaf*, gyda Whisper Cymru.

100 o ddwrnode ers y ddamwen yn sefyll tu allan i glinig prosthetig yn Guilford… ar ddwy go's. 15.03.2023.

Ennill Gwobr RTS (Royal Television Society) – Rhaglen Ddogfen Chwaraeon Ore'r flwyddyn, *Y Cam Nesaf*, Ebrill 2024.

Dim caiac, ond Mathew Dwyer, ffrind a cyn-fachwr y Gweilch yn rhoi help llaw i fi cyn nofio dros elusen Head For Change yn 2023.

Josh a fi – chwerthin… a mwy o wherthin.

Fi a Guido yn ystod y Cyfnod Clo yn mwynhau gwin coch o'r Ariannin... wrth gwrs! Bocs ymarfer y Gweilch yn dod yn handi fel ford.

Yn y stiwdio yng Nghaerdydd gyda Catrin Heledd a Dan Evans o'r Gweilch yn canolbwyntio ar gêm y Sharks yn erbyn y Dreigiau 25.11.2023.

Dwi 'di ca'l tipyn o sbort yn sylwebu 'da'r ddou 'ma! Lyn Jones ar y chwith, ac un o fy arwyr yn blentyn, Shane Williams ar y dde. Gêm gofiadwy – Y Gweilch 35, Montpellier 29 (14eg o Ionawr, 2023).

Gêm gofiadwy arall – buddugoliaeth i Grymych yn erbyn Aberystwyth. Sgorio pum cais, ennill Seren y Gêm, derbyn carden felen! … a diwedd fy nghyfnod gyda Thîm Ieuenctid Crymych (2015).

Gêm ola 'Nhad fel hyfforddwr. Ffarwelio â rygbi ieuenctid.

Ar y padl-fwrdd yn Abertawe, yn ystod Haf 2020 ar ôl dwrnod o ymarfer gyda'r Gweilch, gyda phwy arall… ond Josh!

A lawr yn Aberafan ar ddydd Gŵyl Dewi 2019, fi ar y chwith a Josh ar y dde.

Fy nhro i i fod tu ôl y camera… gyda Llew ar ben Table Mountain, 2023.

Yr hen 'party trick!' Joio mewn priodas yng nghwmni Tomos Mebs, Steff, Owen ac Ilan (Mehefin 2024).

Stadiwm Athlone, De Affrica, 2023.

Fy ngêm gynta fel capten tîm A y Gweilch. Dathlu'r fuddugoliaeth yn erbyn y Scarlets (a sgorio tri chais) yng nghwmni Daf ac Elen (Medi 2018).

Y genhedlaeth nesa – Deio, Iago ac Anni.

Tomos Mebs a finne yn joio yn Milan, yr Eidal, Hydref 2024.

Cennydd a finne yn cyrradd y stadiwm cywir (o'r diwedd!) sef yr Aviva, ar Ddydd Gŵyl Dewi, 2025.

Ma'r dechnoleg yn wych, ond dyw'r go's ddim yn cerdded ar ei phen ei hunan! Ymarfer cerdded yn Evolution, Cross Hands.

Noson codi arian, Cyri a Charioci, yng Ngwesty Plashyfryd, Arberth, Tachwedd 2022. Finne, Dad, Daf ac Euros, ffrind bore oes i Dad.

Un o ddyletswydde'r hyfforddwr – cyflwyno tarian i Daf yng nghinio blynyddol Clwb Rygbi Crymych ar ddiwedd tymor 2022/23.

Dad a Mam yn dala'r cwpan Schweppes enillodd Castell-nedd yn erbyn Llanelli, Mai 1989.

A finne'n dala'r un cwpan 35 mlynedd yn ddiweddarach ar ôl sylwebu ar Ddiwrnod y Rowndiau Terfynol yn Stadiwm y Principality, 2024.

Cyfle newydd a phrofiad gwahanol i'r arfer – *photo shoot* gyda MotionMedia, 2025.

ganfed iddo. Yn anffodus i Keelan, fuodd ffawd ddim yn garedig iawn wrtho yn y blynydde wedyn; fe na'th anafiade 'i gadw fe mas o'r gêm am bron i ddwy flynedd. Ma e'n dal yn ifanc o hyd – dwi'n gwbod yn iawn pryd ma'i ben-blwydd e achos ma e'n rhannu'r un dwrnod â fi, Ionawr 29ain, ond nid yr un flwyddyn wrth gwrs! Ma e ddwy flynedd yn iau na fi, wedi ei eni yn 1998. Un arall dda'th i amlygrwydd wedd Adam Beard, y clo rhyngwladol ac un a chwaraeodd dros y Llewod am y tro cynta yn Ne Affrig yn 2021. Ma ei yrfa fel chwaraewr yn un hynod nodedig a dwi'n falch 'mod i 'di ca'l y cyfle i gyd-whare 'da Adam gyment o weithie ar lefel ranbarthol gyda'r Gweilch.

Chwaraewr des i i'w nabod yn dda yn ystod y cyfnod 'ma wedd Rhun Williams. Wedd tipyn o siarad amdano fel chwaraewr y dyfodol a chanmoliaeth uchel iddo am ei sgilie rygbi; cefnwr cryf a chadarn â'r ddawn 'da fe i ymosod yn bwerus a bwrw'r llinell ar gyflymder. Gath e ei ddewis yng ngharfan yr haf 2017 ond cath e anaf i'w gefen a rhwystrodd hynny fe rhag mynd ar y daith honno. Yn anffodus i Rhun, wrth whare 'da Gleision Caerdydd yn erbyn Zebre'r flwyddyn wedyn, fe ddioddefodd e anaf i'w wddwg wrth daclo chwaraewr. Cyhoeddodd Rhun ei fod yn ymddeol o whare rygbi ac ynte ond yn 22 mlwydd oed. Penderfyniad anodd mae'n rhaid, ond y penderfyniad cywir – does dim byd pwysicach nag iechyd a lles unigolyn. Dwi'n cofio Rhun, Billy Mc Bryde a finne a'r Cwpan wrth gwrs yn cael ein gwahodd i ymddangos ar raglen i blant yn dilyn ein llwyddiant yn ennill y Gamp Lawn – un o'r troeon cynta siŵr o fod i fi fod ar y teledu'n siarad am rygbi!

Yn yr wthnose'n dilyn llwyddiant y Gamp Lawn, na'th Clwb Cwins Caerfyrddin drefnu sesiwn tynnu llunie gyda Mike Walters Photography, Caerfyrddin, felly fe ges i'r cyfle i wisgo'r cit unweth 'to ar gyfer y *photoshoot* pwysig hwnnw. 'Nes i dderbyn sawl carden yn fy llongyfarch i gan gynnwys un oddi wrth glwb y Cwins wedi ei hysgrifennu gan Brian Jones ar ran y pwyllgor a holl aelodau'r Cwins. Y geiriad yn y garden wedd,

'Gyda'n llongyfarchiadau ar dy gyflawniadau gwych eleni. Rydym fel clwb mor falch o dy lwyddiant.'

Er mai blwyddyn yn unig bues i'n whare 'da Cwins Caerfyrddin, ma'r atgofion yn rhai positif iawn. Yn wir, ces i bob cefnogaeth gan Brian Jones, Castell Howell a'r teulu flynyddoedd yn ddiweddarach yn dilyn y ddamwen. Moto'r Cwins yw 'Quins4Life'; ma hynny wedi profi'n wir o 'mhrofiad i yn sicr.

I gloi y tymor rygbi, cynhaliodd bois Clwb Rygbi Crymych eu cinio blynyddol nos Wener, 10fed o Fehefin 2016 a dyma wedd fy nghyfle i i gyflwyno crys Cymru dan 20 i'r clwb. Ma'r crys a'r fedal wedi'u fframio ac yn hongian lan llofft yn y Clwb erbyn hyn. Whare teg, fe ges inne'n anrhegu gan y Clwb y nosweth honno yn ogystal â chwaraewr ifanc arall, sef Gethin Davies, capten tîm dan 16 Cymru ar y pryd, blaenasgellwr dawnus a chwaraewr corfforol iawn. Ma crys arall o'm heiddo i'n hongian ar wal Ysgol y Preseli, neu Ysgol Bro Preseli erbyn hyn. Ac ar wal yr enwogion ma 'na lun ohona i y nesa at bwy? Wel y nesa at lun Dad yn ei grys coch Cymru ynte yn y flwyddyn 1987.

Do, fe fuodd Medi 2015 yn gyfres o ddechreuade newydd i fi, ond erbyn Medi 2016 wedd pethe wedi newid 'to. Yn dilyn cyfarfod rhyngdda i, Clwb Castell-nedd a'r Gweilch ym Mai 2016, wên i 'di ffarwelio â Chwins Caerfyrddin bellach. Wedd 'y nghyfnod yn y Drindod hefyd wedi dod i ben a finne wedi penderfynu 'mod i isie canolbwyntio'n gyfan gwbwl ar y rygbi ar gyfer y dyfodol agos. Ces i gefnogaeth Mam a Dad, whare teg, a gwahoddiad cynnes gan y Coleg i ailymuno gyda nhw pe bawn i'n dewis neud hynny unrhyw bryd yn y dyfodol. Cyfnod cyffrous wedd hwn, heb os, cyfnod o edrych 'nôl a mlân – Crymych, Cwins Caerfyrddin, Cymru.

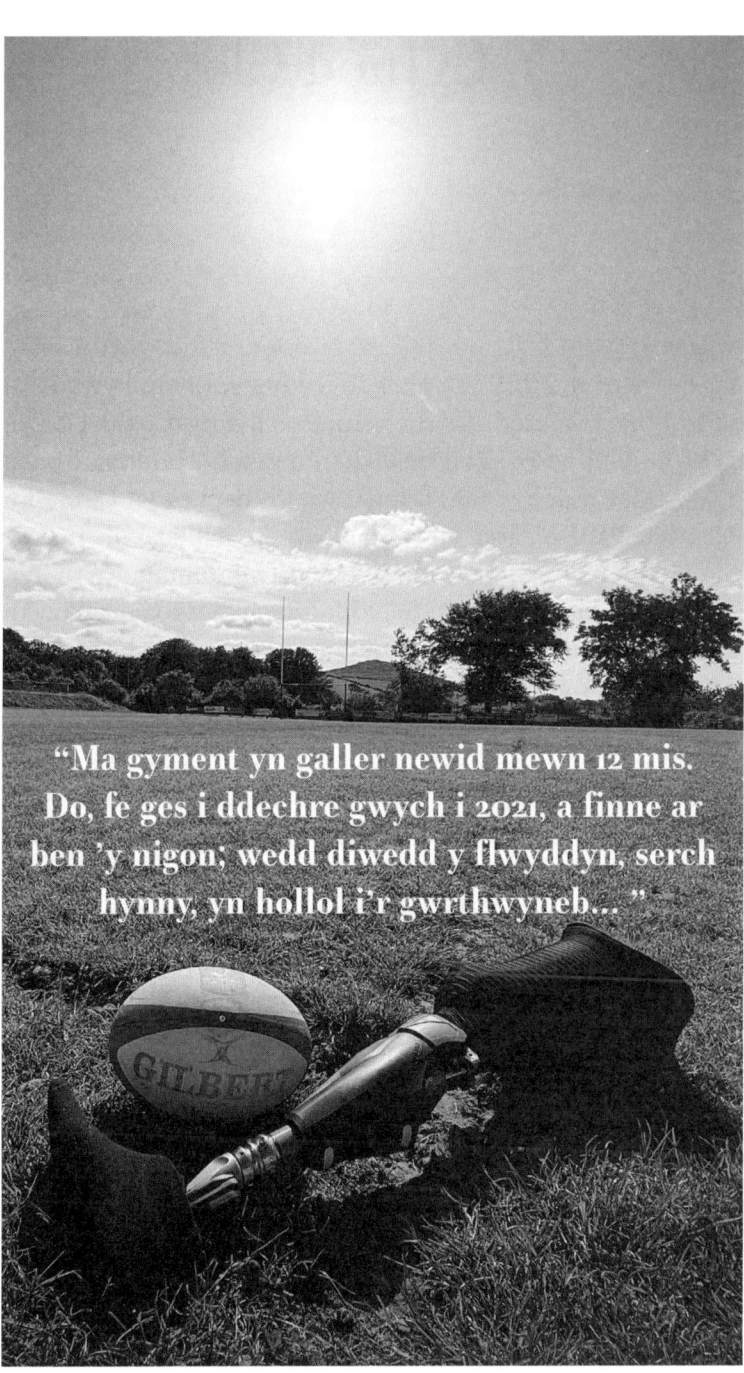

"Ma gyment yn galler newid mewn 12 mis.
Do, fe ges i ddechre gwych i 2021, a finne ar
ben 'y nigon; wedd diwedd y flwyddyn, serch
hynny, yn hollol i'r gwrthwyneb... "

Y Cyfnod Clo

Y FLWYDDYN 2020. Dyma'r flwyddyn gath ein bywyde ni eu troi ben i waered. A'r rheswm dros hynny, Covid-19. Do, da'th hunllef y Covid i'n bywyde ni i gyd i newid ein ffordd o fyw. Mae'n debyg bod y feirws wedi dechre yn China yn Rhagfyr 2019 a'i fod yn glou iawn wedi lledaenu drwy'r wlad a thu hwnt gan heintio pobol ym mhobman. Na'th hyn arwen at gyhoeddiad gan Sefydliad Iechyd y Byd ar Fawrth 11eg 2020 bod y sefyllfa'n bandemig.

Wedd y feirws ofnadw'ma yn targedu'r system resbiradol, a'r symptomau'n debyg iawn i symptomau ffliw arferol. Anodd tu hwnt wedd gwahaniaethu rhwng y ddou salwch, gyda symptomau cyffredin fel gwres uchel, peswch difrifol, colli blas ar fwyd, ffeilu arogli, blinder eithafol a hyd yn oed anawsterau anadlu yn rhan o nodweddion y ffliw a'r Covid fel ei gilydd. Wedd poblogaeth hŷn y wlad, yn ca'l eu hystyried o fod mewn risg uchel o ddal y feirws. Ond, a dweud y gwir, wedd neb mewn gwirionedd yn hollol saff ac yn galler osgoi'r salwch; wedd modd i unrhyw un ddal y feirws, plant ifanc, oedolion, y rhai bregus yn ogystal â phobol iach, a hynny wrth gwrs yn cynnwys athletwyr corfforol ffit fel chwaraewyr rygbi. Fe dda'th hynny'n amlwg i finne a'm cyd-chwaraewyr yn ystod y misoedd hynny.

Yn Chwefror 2020, wedd digonedd o ddewis o fachwyr gyda'r Gweilch, y bachwyr rhyngwladol Scott Baldwin a Sam Parry, y profiadol Scott Otten, a hefyd, wrth gwrs, neb llai na Dewi Lake wedd yn dod trwy'r system ddatblygu bryd hynny. Ac yn eu canol, wên inne hefyd, newydd ddod 'nôl o anaf. Wel, a gweud y gwir, wedd y cyfleoedd i whare yng nghrys rhif 2 y Gweilch yn brin iawn. Ar y llaw arall, wedd y Scarlets, yn ystod y cyfnod hwnnw, wedi eu llethu gan anafiade yn safle'r bachwr ac am fod Ken Owens a Ryan Elias bant ar ddyletswydd rhyngwladol, fe dda'th 'na gyfle i fi fynd am gyfnod ar fenthyg i'r Scarlets. Felly, ar ddydd Llun, yr ail ar bymtheg o Chwefror, 2020, yn hytrach na mynd ar hyd yr M4 i Abertawe, lawr â fi i Barc y Scarlets i ymuno gyda'r garfan yno.

Yn dilyn wthnos o baratoadau a dysgu galwadau newydd, ces fy enwi yn eilydd ar gyfer gêm y Scarlets yn erbyn y Southern Kings. Ac ar y trydydd ar hugain o Chwefror, fe ddes i oddi ar y fainc, a 'neud fy ymddangosiad cynta i'r Scarlets mewn buddugoliaeth pwynt bonws yn erbyn y tîm o Dde Affrica; 36 o bwyntiau i 17. Gyda sibrydion ym mhob man bod y feirws yma yn mynd i roi stop ar bob dim, wedd marc cwestiwn mowr a fydde'r tymor rygbi yn parhau. Er hyn, y negeseuon cyson gan ranbarth y Scarlets drwy gydol yr wthnos wedd yr angen i ganolbwyntio ar yr hyn wên ni'n galler ei reoli, sef paratoi'n drylwyr ar gyfer y gêm nesa mas yn Munster yr wthnos ganlynol.

Yr wythfed ar hugain o Chwefror, 2020, fe dda'th y cadarnhad cynta bod Covid-19 wedi cyrradd Cymru, gan i berson yn Abertawe ga'l prawf positif – wedd e wedi dychwelyd o ogledd yr Eidal lle wedd yr haint eisoes wedi cydio. Dyna'r dechreuad! Llai na pythefnos yn ddiweddarach fe dda'th y newyddion am y farwolaeth gynta yng Nghymru o achos Covid-19. Gyda nifer y marwolaethau yn cynyddu, a'r niferoedd wedd yn dal y feirws yn codi'n sylweddol erbyn hyn, bydde rhaid i rywbeth ddigwydd.

Ar y nawfed ar hugain o Chwefror, mas â ni i Thomond Park, i wynebu Munster, a finne wedi'n enwi ar y fainc unweth 'to. Llai na phum munud wedi dechre'r gêm, gath Taylor Davies, bachwr y Scarlets anaf, felly fe dda'th fy nghyfle i i fynd ar y ca'. Colli fu ein hanes ni mas yn Munster; buon ni lawr i bedwar dyn ar ddeg am ran helaeth o'r gêm yn dilyn y garden goch a gafodd Sam Lousi. Er na wedd neb i wbod hynny ar y pryd, hon fydde ein gêm ola ni yn whare o flân torf o gefnogwyr am gyfnod hir iawn. Na'th y feirws ledu a mynd mas o bob rheolaeth; fe dda'th y sibrydion yn realiti ac ar y deuddegfed o Fawrth, 2020, da'th y cyhoeddiad y bydde seibiant i'r tymor rygbi 2019-20. Felly, da'th diwedd sydyn ar fy nghyfnod byr gyda'r Scarlets, a diwedd hefyd ar rygbi am fisoedd lawer. Da'th newid sylweddol i'n bywydau ni i gyd, newidiadau a adawodd argraff enfawr arnon ni fel cenedl. Ar y trydydd ar hugain o Fawrth, 2020, cyhoeddwyd bod Cymru yn mynd miwn i *lockdown* am o leia dair wythnos. Fe gethon ni i gyd ein gorchymyn i gadw pellter rhyngddon ni a pherson arall. Na'th pob dim ddod i stop; na'th ysgolion, busnesau, canolfannau hamdden, yn wir na'th pawb gau eu dryse – heblaw am y sector iechyd, wrth gwrs a fe deimlon nhw straen aruthrol, sdim dwywaith am hynny, yn ystod y cyfnod anodd hwn.

Strydoedd gwag, canllawiau llym, gorchmynion i ynysu gartre, a'r unig reswm derbyniol dros adel y tŷ wedd ar gyfer ca'l y pethe 'hanfodol', fel mynd i'r siop leol i brynu bwyd, mynychu apwyntiadau ysbyty a'r hawl i fynd mas tu fas i'r awyr iach am awr o ymarfer corff. Yn ogystal, wedd angen gwisgo masgiau ar bob achlysur ac osgoi mentro cymysgu'n gymdeithasol gyda neb tu fas i'r grŵp o bobol wedd yn cyd-fyw gyda chi. Felly, i nifer helaeth o'r boblogaeth, wedd y cyfnod hwn yn ogystal â bod yn un gofidus, yn gyfnod hynod o unig hefyd.

Ffrind oes arall 'nes i gwrdd ag e trwy rygbi wedd Guido Volpi. Ma Guido yn dod yn wreiddiol o'r Ariannin; na'th e ymuno â'r Gweilch yn 2018, yn 23 mlwydd oed, y chwaraewr cynta o'r Ariannin i arwyddo cytundeb gyda'r

Gweilch. Ac am 'mod i, bryd hynny, yn byw yn Nhreforys mewn tŷ ac un stafell wely sbâr, wel, symudodd Guido i mewn ata i, a dyna ddechre perthynas arbennig iawn rhyngddon ni'n dou. Yn sydyn, yn hytrach na mynd ar ben fy hunan i bobman, wedd 'da fi gwmni Guido; wedd e fel ail gysgod wrth fy ochor i bob dydd. Bryd hynny, wedd Guido heb drwydded yrru, felly, bydde fe'n ca'l lifft 'da fi i ymarfer bob dydd, a lifft i bobman arall hefyd a gweud y gwir, yn cynnwys mynd lawr i siop y cigydd, mas am goffi, draw i dra'th Aberafan i gwrdd â Josh, nosweithi mas yn cymdeithasu, a hyd yn oed am sbin fach lawr i'r gorllewin ar ein dwrnode bant o ymarfer. Hedfanodd y flwyddyn gynta o fyw gyda Guido heibio ac ar ôl treulio bob dwrnod gyda'n gilydd mwy neu lai, wên i wir ddim yn gallu cofio cyfnod heb y cawr o Ariannin yn fy nilyn o gwmpas i bobman.

Da'th y tymor o fyw yn Nhreforys i ben, wrth i Guido ddychwelyd 'nôl gatre i'r Ariannin at ei deulu am ryw dair wthnos. Wel, fe ddechreues i 'fyd ar gyfnod newydd a chyffrous yn fy mywyd wrth fynd ati i brynu fy nhŷ cynta yn Ebrill 2019 a hynny yn Nrefach, ar bwys Cross Hands. Wên i 'di bod yn whilo am sbelen fach am rywle i alw'n gatre, yn hytrach na'r tai rhent wên i 'di bod yn aros ynddyn nhw ers dechre fy nghyfnod gyda'r Gweilch a wên i 'di penderfynu mai rhywle'n agosach at y gorllewin fydde'n fy siwtio i ore, ond eto i gyd ddim yn rhy bell o Landarsi ar gyfer y teithio dyddiol i ymarfer gyda'r Gweilch. Pan es i a Mam i weld y tŷ am y tro cynta, wên i'n gwbod mai dyma'r tŷ i fi. Wedd e mewn man bach cyfleus, ar stad newydd o dai ac fel 'nes i ddarganfod yn ddiweddarach, wedd y cymdogion mwya hyfryd o 'nghwmpas i. Yn rhyfedd ddigon, rhif 2 wedd rhif y tŷ. Wedd Mam o'r farn mai fi wedd fod prynu'r tŷ a neb arall! Ac wrth gwrs, pwy wedd yn awyddus iawn i symud i fyw ata i ond yr Archentwr, Guido Volpi.

Ac felly, cyn pen dim, wên ni'n ôl yn dilyn y drefen ddyddiol arferol – yr ymarferion ar gyfer y tymor newydd wedi dechre a finne'n ôl fel dreifwr tacsi i Guido. Na'th e sôn sawl gwaith ei fod e'n bwriadu dechre dysgu dreifio, ond rhwng Covid a phob dim arall, a'th cryn dipyn o amser heibio cyn iddo ddod i ben â phasio'i brawf! Chwaraewr y rheng ôl yw Guido, ac yn anffodus iawn iddo, wedd tipyn o gystadleuaeth yn y safleoedd hynny gyda'r Gweilch. Fe na'th Guido ei gweld hi'n anodd iawn ennill ei le yn nhîm y Gweilch. Ac fel mae'n digwydd, tra wên i ar gyfnod benthyg gyda'r Scarlets yn gynnar yn 2020, fe a'th Guido ar fenthyg hefyd i Glwb Doncaster Knights, yn ne Swydd Efrog. Ond, gyda chyhoeddiad y *Lockdown* na'th Guido benderfynu dod 'nôl i Drefach, yn hytrach nag aros lan yn Doncaster. Bryd hynny, wên i, fel pawb arall, ddim i wbod pa mor hir y bydde'r Cyfnod Clo yn para; i nifer fowr o bobl, wedd byw ar eu pen eu hunen yn ystod y cyfnod gofidus yma yn brofiad heriol ac anodd. Bues i mor lwcus i ga'l cwmni ffrind da fel Guido yn cyd-fyw 'da fi, wedd e wir yn amhrisiadwy. Fe na'th e neud cyfnod pryderus y Covid dipyn yn haws i fi i'w ddiodde, sdim dwywaith.

Bellach, wedd mynychu sesiynau ymarfer a mynd i'r stafell bwyse ddim yn bosib, ond wedd dal i fod disgwyliadau a chyfrifoldeb arnon ni, fel chwaraewyr proffesiynol, i fod yn barod yn gorfforol i fynd 'nôl i ymarfer gyda'r Gweilch, pe bydde'r alwad yn dod. Felly, fe 'nes i a Guido, fel gweddill y garfan, anelu draw am y stafell bwyse yn Llandarsi, er mwyn casglu rhywfaint o offer i'n cadw ni mor ffit â phosib yn ystod y Cyfnod Clo. Ond, wedd gofyn rhannu'r offer a'r adnodde rhwng y garfan gyfan wrth gwrs. Erbyn i fi a Guido gyrradd Llandarsi, wedd dim rhyw lawer o ddewis o ddim ar ôl i ni! Fe dowlon ni bâr o ddymbels 20 cilogram miwn i'r car, rhaff sgipio, a bocs mowr pren a 'nôl â ni i Drefach. Wedd jyst rhaid i ni drial neud y gore gallen ni o'r offer hynny! Y drefen newydd arferol i Guido a finne bellach wedd codi yn y bore a mynd mas i'r ardd ar gyfer ein sesiwn ffitrwydd. Alla i weud yn onest 'mod i 'di bod yn hynod o lwcus yn ystod y Cyfnod Clo. Wedd 'da ni ardd gaeedig ar gyfer ymarfer mas tu fas yn y tywydd braf, wedd cwmni Guido'n codi 'nghalon i, pan wedd y dwrnode'n hir a braidd yn ddiflas a wedd dim byd yn well na thanio'r barbeciw bob nos a joio stecen a glased bach o win coch. Da'th y bocs mowr pren o'r stafell codi pwyse yn weddol handi 'fyd. Defnyddion ni fe fel offer ymarfer, a hefyd fel ford ar gyfer y barbeciw yn y nos! Yn ystod y cyfnod 'ma, fe dda'th hi'n amlwg i gyment ohonon ni pa mor bwysig a gwerthfawr yw'r pethe bychain – cwmni da, amgylchedd pleserus ac yn fwy na dim, iechyd.

Tri mis ar ôl dechre'r Cyfnod Clo, fe benderfynodd y Llywodraeth lacio rywfaint ar y canllawiau llym. Dechreuodd rhai ddychwelyd i'r gweithle, tra wedd dishgwyl i eraill barhau i weithio o gatre. Wedd rhyw deimlad ymysg pawb bod peth normalrwydd yn bosib o leia. Ond, wedd y rheolau sylfaenol yn dal mewn grym; y gwisgo masgiau, yr angen i gadw dwy fetr o bellter oddi wrth unigolion erill ac wrth gwrs wedd dishgwyl i bobl ynysu pe baen nhw'n dechre dangos symptomau o Covid-19. Yn amlwg, wedd y strwythur i ni fel chwaraewyr proffesiynol hefyd wedi newid. A gweud y gwir, wedd mynd 'nôl i fywyd bob dydd o safbwynt y rygbi yn ddigon rhyfedd. Wedd dim hawl 'da ni ymarfer fel carfan gyfan, dim ond mewn grwpie o chwech, er mwyn dilyn y rheol (*rule of 6*), a hynny ar gyfnode gwahanol o'r dydd am ryw ddwy awr yr un. Wedd pob dim fydden ni'n ei gyffwrdd, pob pêl rygbi, pob darn o gyfarpar yn y stafell codi pwyse neu yn stafell y ffisio, yn gorfod ca'l ei lanhau a'i olchi yn syth er mwyn sicrhau bod yr amgylchedd mor lân â phosib ac felly lleihau'r risg o ledaenu'r feirws.

Bob bore, y peth cynta fydden ni'n neud bydde mynd i stafell y ffisio, cymryd ein tymheredd, neud prawf Covid, cyn mynd 'nôl i'r car i ishte am sbelen fach ac aros i ga'l gwbod a wedd hi'n saff i ni fynd mas i ymarfer neu beidio.

A dyna wedd y drefen bob dydd. Pe bydde chwaraewr yn profi'n bositif, wedd hynny yn golygu bod y pump unigolyn arall wedd yn perthyn i'r un grŵp ymarfer ag e yn gorfod ynysu am bythefnos. Gallwch chi fentro i'r ffaith, gan na fydden ni'n ymarfer yn ddyddiol, fel wên ni'n neud cyn Covid, iddo ga'l tipyn o ddylanwad ar nifer o'r chwaraewyr. Na'th sawl blaenwr, ar ôl bod am fisoedd heb yr offer cywir i ymarfer gatre, golli cryn dipyn o bwyse, gyda rhai ohonyn nhw'n dychwelyd i ymarfer yn pwyso hyd at ddeg cilogram yn ysgafnach. Ar y pegwn arall, fe na'th ambell un ddychwelyd i'r sesiynau ymarfer yn pwyso tipyn yn fwy na'r dishgwyl! Yn ffodus iawn, gyda phob dim wedi ei fesur a'i drefnu i'r eiliad, a'th yr wythnose cynta 'nôl yn ymarfer yn weddol llyfn; dim symptomau, dim profion positif, felly fe gethon ni yr hawl i fynd 'nôl i ymarfer fel carfan gyfan, ar ôl misoedd o fod ar wahân.

Ond, wedd y sefyllfa'n parhau i fod yn un ddifrifol tu hwnt. Yn y cyfnod byr o ddechre mis Mawrth tan ddiwedd mis Mai, wedd dros 24% o'r marwolaethau yng Nghymru yn gysylltiedig â'r Coronafeirws. Ganol Ebrill, wedd y marwolaethau yng Nghymru wedi cyrradd yr ucha ers dechre'r haint a buodd 73 marwolaeth mewn un dwrnod, hyd yn oed. Na'th y wlad ddod i stop am fisoedd lawer, a'r economi ariannol ar chwâl yn llwyr erbyn hyn. Felly, ar y trydydd o Awst 2020 penderfynodd y Llywodraeth lacio rywfaint ar y canllawiau er mwyn rhoi hwb i fusnesau ar draws y wlad; ailagorwyd y bwytai a'r tafarndai a'r gobeth wedd ailagor cyfleusterau ffitrwydd fel y gym, canolfannau hamdden, stafelloedd spa, a'r pyllau nofio i'r cyhoedd yn ystod yr wthnos ganlynol.

Fe dda'th rhagor o newyddion i ni fel chwaraewyr rygbi; gethon ni ddyddiad ar gyfer ailgychwyn whare gemau'r Gynghrair – yr ail ar hugain o Awst, 2020. Gyda niferoedd y profion positif ar draws y wlad yn cynyddu, a nifer y marwolaethau o achos Covid-19 yn dal yn pentyrru, wedd marc cwestiwn enfawr dros benderfyniad y Senedd yn caniatáu i ni fynd 'nôl i whare. Yn bersonol, wên i 'yn hunan yn ansicr o'r ffordd mlân. Yn amlwg, wên i'n torri 'mola ishe mynd 'nôl i whare, ond, wedd y sefyllfa'n un mor fregus a wedd gyment o risg yn dal i fodoli. Wedd angen bod yn gall ac yn ddoeth. Fel pawb arall, wedd popeth wên ni'n neud yn dibynnu ar benderfyniadau'r gwleidyddion. Wedd yr holl drafeili o un wlad i'r llall, y cymysgu cymdeithasol anochel fydde'n digwydd mewn meysydd awyr, heb sôn am y ffaith bod rygbi'n gêm mor gorfforol, wel, wedd y cyfan yn cadarnhau bod y risgiau yn dal yn beryglus o uchel.

Y cynta o Ionawr 2021. Wedd whare mewn stadiwm wag erbyn hyn yn rhywbeth digon cyfarwydd i ni'r chwaraewyr. Ar ddechre'r flwyddyn, ein gwrthwynebwyr yn ail rownd darbis Cymru wedd Caerdydd, gyda'r lleoliad nid ym Mharc yr Arfau fel ro'n i'n dishgwyl, ond yn hytrach, yn y stadiwm pêl-droed – Stadiwm Dinas Caerdydd. Yn dilyn perfformiad personol digon safonol oddi ar y fainc yr wythnos gynt yn erbyn y Scarlets, wên i 'di ca'l fy ngwobrwyo drwy fy enwi i ddechre'r gêm hon. Fel chwaraewr, dyna'r cyfle a'r tegwch ma dyn yn ei obeithio amdano, sef derbyn cydnabyddiaeth deilwng am eich perfformiad personol ar y ca'. Wedd y cyfrifoldeb arna i nawr, a neb arall i ddangos beth wên i'n gallu'i neud. Wên i'n ofnadw o nyrfys yr wthnos 'na cyn y gêm; wedd gyment o ffactore'n neud fy stumog i droi; cyfrifoldeb dechre'r gêm, stadiwm hollol anghyfarwydd a honno heb unrhyw gefnogwyr yn bresennol. Un peth arall wedd yn fy mhoeni, na fydden i'n galler cwrdd gyda'n rhieni am glonc a gair o gefnogaeth yn y dyddie cyn y gêm. Wên i hefyd yn hollol ymwybodol pa mor bwysig wedd hi bod y Gweilch yn dechre'r flwyddyn ar nodyn uchel. Wrth neud y siwrne i Gaerdydd, wedd y nerfe'n cynyddu fel wedd y milltiroedd yn lleihau. Ar ôl colli yn ystod y munude ola yn erbyn y Scarlets ar Ŵyl San Steffan, wedd taro 'nôl yn erbyn Caerdydd yn hanfodol. Am fod lleoliad y gêm yn ddierth i fi, dwi'n ofni na'th y nerfe ddim gwella dim wrth i fi droi trwyn y car i gyfeiriad stadiwm pêl-droed y ddinas. Wên i wir yn teimlo'r pwyse erbyn hyn! Chwythodd y dyfarnwr ei chwiban, a bant â ni. Ugen munud miwn i'r gêm, a hithe'n ddi-sgôr dyma Caerdydd yn llwyddo gyda chic gosb ac yn sicrhau tri phwynt ar y sgôr fwrdd. Gyda rhyw bum munud i fynd cyn hanner amser, a'r Gweilch yn dal heb sgorio, gethon ni lein ymosodol, chwe metr mas o linell cais Caerdydd. Wên i 'di bod yn y sefyllfa 'ma droion o'r blân yn ystod y tymor; wrth gerdded tuag at yr ystlys i godi'r bêl cyn ei thowlu miwn i'r lein, wên i'n teimlo'n dawel bach yn itha hyderus. Ond, yn gynta, wedd rhaid ca'l y tafliad a'r amseriad yn gywir. Diolch byth, wedd y tafliad yn berffeth, a daliad Adam Beard yn lân; na'th y blaenwyr eu gwaith yn effeithiol, a finne yn llwyddo i fynd drosto am gais cynta'r gêm; 3-7. Ond, dyma Caerdydd yn ca'l cyfle i daflu un dwrn arall cyn diwedd yr hanner cynta. Erbyn hyn, wedd y cloc wedi troi'n goch, a Chaerdydd ddeg metr o linell gais y Gweilch, yn adeiladu momentwm a'r cais yn edrych yn anochel. Na'th Caerdydd ailgylchu'r bêl, ond na'th ein hamddiffyn ni sefyll yn gadarn a fe gath un dacl ei chyflawni reit o 'mlân i. Heb feddwl ddwywaith, fe 'nes i roi 'y mhen a 'nwylo dros y bêl a fe glywes i chwiban y dyfarnwr, a'r gic gosb yn ca'l ei dyfarnu i'r Gweilch. 'Na beth wedd rhyddhad, o wbod y bydden ni nawr yn gorffen yr hanner cynta gyda'r fantais ar y sgôr fwrdd. Fe lwyddon ni i gadw Caerdydd yn ddi-sgôr am weddill y gêm. Cais gosb yn dilyn sgarmes symudol arall a chiciau cosb gan Stephen Myler wedd yn gyfrifol am weddill ein pwyntie ni. Ar ddiwedd y gêm, y sgôr terfynol wedd 3 i 17. Eiliad hynod o sbesial i fi, wedd clywed 'mod i wedi ca'l fy enwi yn 'Seren y Gêm' – gan neb llai na Shane Williams! O edrych 'nôl, wedd hon yn foment llawn balchder i fi, yn achlysur y bydden i wedi dwlu ca'l ei rannu gydag aelodau o'r teulu, ond yn anffodus, wedd y stadiwm yn hollol wag. Felly, yn hytrach na cha'l cwtsh gan Mam a *'nod of approval'* gan 'Nhad, fe 'nes i orfod bodloni ar alwad ffôn gatre whap ar ôl y gêm.

Wrth edrych 'nôl ar fy ngyrfa, wedd dechre 2021 yn un o'r cyfnode mwya pleserus i fi fel chwaraewr rygbi. Wên i'n teimlo rhyw falchder mowr bod 'y ngweithio cydwybodol dros y blynydde yn dechre talu ffordd. I ganran fawr o chwaraewyr yng Nghymru, ma'r gemau darbis rhanbarthol yn gemau i gadw llygad arnyn nhw. Pa ffordd well i roi eich stamp ar rygbi yng Nghymru na pherfformio'n gystadleuol yn erbyn y rheiny sy'n whare rygbi ar safon ryngwladol. Ma'r frwydr yn un fwy personol, yn sicr. Ac i fi, wedd ca'l whare yn erbyn chwaraewyr profiadol rhyngwladol fel Ken Owens, Ryan Elias, Richard Hibbard, Elliot Dee, yn bendant yn gyfle i fi ddangos 'mod i'n galler cystadlu gyda bachwyr gore Cymru. A dwi yn teimlo 'mod i 'di llwyddo i ddal fy nhir yn eu herbyn nhw. Wedd angen i fi brofi pwynt, a dyna'n union 'nes i – perfformiad a dynnodd sylw'r hyfforddwyr oddi ar y fainc yn erbyn y Scarlets, perfformiad yn haeddu 'Seren y Gêm' yn erbyn Caerdydd, a hefyd perfformiad na'th greu argraff yn erbyn y Dreigiau. Wên i'n fachwr digon bodlon!

Dwi ddim yn un sy'n canolbwyntio'n ormodol ar storïau'r wasg, ond mae'n anodd ar adegau eu hanwybyddu. Y tro 'ma, ar ôl sawl wthnos o berfformiadau personol digon calonogol, wedd y gwybodusion cyfryngol wedi enwi eu tîm rhyngwladol ar sail perfformiade'r gemau darbis. Wedd Mam, wrth gwrs, yn cadw llygad barcud ar hyn i gyd, ac fe anfonodd hi'r erthygl 'ma am y tîm rhyngwladol draw ata i. Yn ennill y bleidlais ar gyfer gwisgo crys rhif 2 Cymru wedd neb llai na Ifan Phillips, y Gweilch. Mater o farn yw'r holl ragweld a'r darogan wrth gwrs, ond dwi'n cofio i fi wenu'n dawel bach wrth ddarllen yr erthygl, gan obeithio bod ymdrech galed a dyfalbarhad yr holl flynydde yn dechre dwyn ffrwyth. Flwyddyn yn gynt, ar ddechre 2020, wên i 'di gorfod mynd mas ar fenthyg i'r Scarlets er mwyn ca'l cyfle i whare gemau, ond bellach wedd y rhod 'di troi, a finne nawr yn brwydro i fod yn ddewis cynta fel bachwr y Gweilch. Ma gyment yn galler newid mewn 12 mis. Do, fe ges i ddechre gwych i 2021 a finne ar ben 'y nigon; wedd diwedd y flwyddyn, serch hynny, yn hollol i'r gwrthwyneb, gyda fy sefyllfa yn llawn anobaith, bryd hynny, yn arwen at gyfnod mwya tywyll 'y mywyd i.

Yn ddigon rhyfedd, gath misoedd y Pandemig argraff fowr ar 'y ngyrfa i. Wedd canran uchel o'm hymddangosiade yng nghrys y Gweilch wedi digwydd yn ystod cyfnod Covid, a wedd hynny'n golygu whare mewn stadiymau enfawr heb neb yn gwylio, dim torf, dim ffrindie agos, ac yn bwysicach byth, dim cefnogaeth y teulu yn yr eisteddle. Yn bersonol, a dwi'n siŵr y bydde nifer fowr o chwaraewyr rygbi'n cytuno gyda fi, er y frwydr ar y ca', does dim gwell teimlad ar ôl i'r chwiban ola ganu na chroesi'r ca' a mynd draw i'r eisteddle i weld eich teulu, a hynny waeth beth yw canlyniad y gêm. Ma cefnogaeth eich teulu yn gyson, yn ddigyfnewid, ennill neu golli, maen nhw 'na bob amser – cwtsh gan Mam, gwên gan Dad, sgwrs 'da Elen a Daf, a cha'l cyfle i fynd â'r plantos bach am wâc ar y ca'. Ma'r cyfan yn rhan mor bleserus o'r profiad o fod yn chwaraewr rygbi. Ac, i fod yn hollol hunanol, fe 'nes i golli hynny'n fowr yn ystod cyfnod y Pandemig.

O edrych 'nôl, dwi'n gwbod 'mod i a phob chwaraewr arall wedi gwerthfawrogi'r cyfle gethon ni i ddychwelyd i whare rygbi ar adeg mor argyfyngus ym mywyde pawb o'n cwmpas. Dwi hefyd yn gwbod bod gyment o bobol wedi ca'l boddhad mowr yn ishte lawr gyda'r teulu i wylio'r gemau proffesiynol a gâi eu darlledu ar y teledu yn ystod y cyfnod hwnnw. Mae'n braf meddwl ein bod ni wedi llwyddo i gynnig adloniant a rhoi rhywfaint o bleser i bobol yn ystod adeg digon diflas yn ein bywyde ni i gyd. Dyma gyfnod na fyddwn ni, fel chwaraewyr proffesiynol, nac ychwaith, fel cenedl gyfan, yn ei anghofio... cyfnod Covid-19 a'r Cyfnod Clo.

"...wedd gallu rhoi rhywbeth bach 'nôl iddyn nhw yn rhoi pleser aruthrol i fi"

Gwalch yn y Gwa'd

FEL CRWTYN IFANC wedd whare rygbi ar fy meddwl yn barhaol. Yn ffodus i finne, wedd yn gwmws yr un meddylfryd yn perthyn i'r grŵp o ffrindie wedd 'da fi. Bydden ni i gyd yn ffeilu aros nes bydden ni'n clywed cloch yr ysgol yn canu er mwyn mynd mas i'r iard i whare, neu fynd lawr i barc Lloyd Thomas, un o gaeau'r clwb rygbi ym mhentre Crymych, i dowlu'r bêl hirgron o gwmpas y lle. Bob cyfle posib, adeg egwyl fer y bore, neu adeg yr awr ginio yn yr ysgol, bydde'r bêl rygbi yn dod mas o'r bag ysgol yn syth. Yr un hen drefen wedd 'da ni bob dydd, sef rhannu'r grŵp o fois yn ddou dîm. Er mwyn arbed amser, am fod yr egwyl yn hedfan heibio fel arfer, bydden ni'n rhannu i fod yn dîm y blaenwyr a thîm yr olwyr. Os ma whare ar iard yr ysgol fydden ni, yr olwyr fel arfer wedd yn ca'l y gore o'r gêm, ond os ma mas ar y ca' wên ni'n whare, wedd pethe'n wahanol, gyda'r whare'n troi yn weddol gorfforol yn glou iawn a'r blaenwyr yn ca'l goruchafiaeth yn amlach na pheidio.

Un tro, adeg yr awr ginio, er mwyn ca'l rhywfaint o amrywiaeth o ran y timoedd, fe benderfynon ni fois rannu yn ddou dîm yn seiliedig ar bwy wedd yn cefnogi'r Scarlets a phwy wedd yn cefnogi'r Gweilch. Fel y gallwch chi ddychmygu, gyda ni'n byw yng Nghrymych, ac yn rhan o Ranbarth y Scarlets, wedd tipyn mwy yn cefnogi dynion y Sosban Fach o'i gymharu â'r dynion mewn du! Dim ond llond llaw ohonon ni wedd yn nhîm y Gweilch, a finne a'n ffrind gore, Tomos ymhlith y rheiny. Wedd dim dowt

114

amdani, y Gweilch wedd 'y nhîm i ers y cychwyn cynta; wedd dim troi arna i o gwbwl, er gwaetha ymdrechion dibaid fy ffrindie i 'mherswadio i newid tîm a hefyd, er i ni ga'l sawl trip i Barc y Scarlets gyda chlwb rygbi Crymych. Na, wedd dim modd newid fy meddwl o gwbwl – du wedd lliw 'y ngwa'd i. Wel, wedd e yn y teulu, wedi'r cwbwl.

Dwi'n cofio'n grwt ysgol gynradd yn Ysgol y Frenni, ca'l fy newis i gystadlu yng nghystadleuaeth yr ymgom a llwyddo i gyrradd y llwyfan yn Eisteddfod Genedlaethol yr Urdd ar faes y Sioe yng Nghaerfyrddin yn 2007 – Ilan, Lois, Tomos a finne wedd yn y grŵp. Wedd Lois yn whare rhan Morwyn Llyn y Fan Fach, a Ilan yn esgus bod yn rhyw fath o wyddonydd, wedi gwisgo'n deidi mewn trowsus a chrys. Ond, fe gath Tomos a finne ddewis ein dillad ein hunen ar gyfer y perfformiade. Dewis rhwydd i fi – crys polo'r Gweilch wedd amdana i a siorts 'fyd, wrth gwrs! Ma 'da fi atgofion hefyd, yn un ar ddeg mlwydd oed, o fynychu parti Nadolig blynyddol y plant yn Stadiwm y Liberty a cha'l y cyfle i gwrdd â'r chwaraewyr i gyd – fy arwyr i, ar y pryd. Ie, wedd neb yn mynd i lwyddo perswadio'r Gwalch bach 'ma i gefnogi unrhyw dîm arall, dwi'n ofni.

Ar ddiwedd y flwyddyn, 2016, dechreuodd fy mreuddwyd o fod yn chwaraewr proffesiynol ddod yn fwy o realiti pan 'nes i arwyddo fy nghytundeb cynta i gyda'r Gweilch. Wedd y llwybyr gymeres i tuag at rygbi proffesiynol braidd yn wahanol i'r mwyafrif. Wên i erbyn hyn yn ugen mlwydd oed ac felly, yn gymharol hwyr yn dechre ym myd y chwaraewyr proffesiynol. Am yr wythnose cynta o ymarfer gydag Academi'r Gweilch, wên i gyda chwaraewyr o'r oedran rhwng 17 ac 18 mlwydd oed, felly wên i'n bendant gyda'r hyna yn eu plith. Yn naturiol, o edrych o amgylch y grŵp, gyda rhai o'r bechgyn erill yn dal yn mynychu ysgolion neu golegau, wên i'n sicr yn teimlo 'mod i ar ei hôl hi! Wedi'r cyfan, wedd y chwaraewyr 'run oedran â fi neu'n agos at yn oedran i, chwaraewyr fel Adam Beard,

Owen Watkin, Luke Price, i gyd erbyn hynny wedi dringo'n uwch ac yn ymarfer, neu hyd yn oed yn whare gyda'r tîm cynta. Wên i'n gwbod felly, bod cryn tipyn o waith o 'mlân i, cyn dala lan gyda'r bois 'ma. Serch hynny, dyma wedd y cam cynta, a wedd y ffaith bod 'y nhro'd i ar stepen y drws yn rhywbeth digon calonogol i fi'n bersonol. Wên i wir isie dangos i bawb 'mod i'n awyddus iawn i ymarfer gyda'r tîm cynta cyn gynted â phosib, ac i brofi iddyn nhw, er y diffyg profiad wedd 'da fi o'r byd proffesiynol hwn, 'mod i'n hollol ymwybodol o'r hyn wedd yn ofynnol ac yn ddisgwyliedig gan chwaraewr proffesiynol.

Hyd at y cyfnod 'ma, bydden i wedi treulio cryn dipyn o amser yn ymarfer ar 'y mhen yn hunan, yn codi pwyse yn ystod amser egwyl, fel disgybl chweched dosbarth yn Ysgol y Preseli, neu lawr i Barc Lloyd Thomas yng Nghrymych wrth aros i Mam ddod mas o gyfarfod hwyr ar ôl ysgol. Felly, wên i'n ddigon cyfarwydd ag ymarfer a gwthio fy hun i'r eithaf, heb unrhyw anogaeth na pherswâd gan unrhyw un arall. A bod yn onest, wên i'n itha mwynhau hynny i gyd. Wedd e'n rhoi rhyw deimlad o falchder i fi, yn gwbod 'mod i'n cymryd yr ymarfer o ddifrif ac yn barod i wthio fy hun yn gyson, yn y gobeth y bydde hynny'n talu ffordd yn y pen draw.

Felly, wrth i'r cyfle o fod yn chwaraewr rygbi proffesiynol agosáu, na'th fy ymdrech bersonol a'n ysfa i ymarfer ddwysáu. Yn ogystal â'r gwaith corfforol yn y stafell bwyse a'r sesiynau ffitrwydd yn gynnar yn y bore gyda chriw ifanc yr Academi, bydden i'n amal yn gofyn i Tom Smith, sef un o hyfforddwyr yr Academi ar y pryd, am sesiynau ychwanegol tu allan i'r amserlen arferol i'n helpu i gyda'r sgilie allweddol. Wedd y sesiynau'n dechre am chwech y bore yn y stafell bwyse, felly er mwyn cyrradd mewn pryd, bydden i'n dechre'n siwrne o Hafod am ryw bump o'r gloch, cyn iddi wawrio bron. Gan fod canran helaeth o fois yr Academi yn fyfyrwyr coleg, neu'n ddisgyblion ysgol, bydden nhw'n diflannu cyn naw o'r gloch, er mwyn mynychu eu dosbarthiadau a dilyn eu haddysg. Wedd hynny ddim yn rhan o'm hamserlen ddyddiol i ac felly, bydden i'n mynd i'r 'barn' yn Llandarsi yn rheolaidd ar gyfer neud sesiynau ychwanegol er mwyn trial neud yn iawn am yr amser wên i 'di ei golli, gan 'mod i wedi ymuno yn hwyrach na gweddill y bois yn y byd cystadleuol 'ma. Y brif sgil bydden i'n trial gwella arni, wrth gwrs, wedd y towlu miwn i'r llinell. Heb y cywirdeb yn y sgil allweddol 'ma, bydde'n siawns i o fynd ar y ca' yn weddol denau! Ta beth, ar ôl rhyw bedair wthnos yn yr Academi, fe dda'th yr alwad i ymuno yn y sesiynau ymarfer gyda'r tîm cynta.

Gyda chystadleuaeth Cwpan yr Anglo-Welsh yn dechre, a seibiant rhag chware gemau'r Gynghrair yn golygu cyfnod o orffwys i'r chwaraewyr profiadol, dyma gyfle gwych i'r criw ifanc i ddangos eu doniau. Wên i'n 'i weld e fel cyfnod hynod bwysig i fi'n bersonol i drial torri miwn i'r garfan a cha'l fy ystyried ar gyfer y gemau mwy pwysig. Wthnos o baratoi ac ar y pumed o Chwefror, 2017 lan â fi ar hyd yr M4 tuag at Ricoh Arena, Cofentri, cartref y Wasps. Ma'n drist meddwl erbyn heddi bod clwb mor enfawr a phoblogaidd â'r Wasps ddim bellach yn bodoli. Yn dilyn y cyfnod Covid, fe a'th y clwb i ddwylo'r gweinyddwyr, yn sgîl anawsterau ariannol difrifol. Ta beth, dyma wedd fy ngêm gynta i yng nghrys y Gweilch.

Wên i wedi ca'l fy enwi ar y fainc yr wythnos cynt, yn y gêm yn erbyn Bryste, ond yn anffodus i fi, aros ar y fainc 'nes i'r dwrnod hwnnw a hynny am fod Scott Otten, y bachwr arall wedi ca'l gêm arbennig iawn, gan ennill 'Seren y Gêm', felly penderfyniad y tîm hyfforddi wedd ei gadw fe ar y ca' am yr wyth deg munud llawn. Wedd y siwrne gatre ar ôl y gêm y noson honno'n anodd a gweud y gwir a'r siom yn fy llethu wrth ddreifio lawr y feidir gatre i'r ffarm. Er mai dim ond wthnos wedd rhaid i fi aros i ga'l yr ail gyfle i neud fy ymddangosiad cynta dros y Gweilch, wedd hi'n teimlo'n wthnos hir iawn – hir yw pob aros, medden nhw! Dwi'n cofio bod yn hynod o nyrfys ar y pumed o Chwefror, am sawl reswm wrth gwrs; wên i'n croesi pob dim, yn gobeithio y bydden i y tro 'ma yn llwyddo i ga'l y cyfle i fynd ar y ca'. Ond hefyd, wedd mis Mawrth yn fis Pencampwriaeth y Chwe Gwlad, wrth gwrs ac y bydde pythefnos o seibiant i'r rhanbarthau. Ar ddiwedd y mis y bydde'r Gynghrair yn ailgychwyn ac felly, wên i'n hollol ymwybodol mai prinhau fydde'r cyfleoedd i fi sicrhau fy ymddangosiad cynta dros y Gweilch yn yr wthnose i ddod.

Dwi ddim yn cofio rhyw lawer am gyrradd y stadiwm y dwrnod hwnnw; wedd y clustffonau mlân 'da fi, a'r stumog yn troi. Wrth dwymo lan, wedd y tensiwn yn cynyddu bob eiliad, wrth i'r gic gynta agosáu. Chwythodd y dyfarnwr ei chwiban. Wedd bod ar y fainc yn golygu bod cyfle 'da fi ymlacio ychydig nawr gan wbod, heblaw am anaf i'r bachwr arall, na fydden i'n ca'l galwad i fynd ar y ca' yn ystod hanner cynta'r gêm. Fe dda'th chwiban yr ail hanner yn weddol sydyn, ac yn sgîl hynny, dechreuodd y nerfe waethygu. Yn ystod yr ail hanner, y duedd, fel eilydd, yw cadw un llygad ar y cloc ac un llygad ar y gêm. Wedd pymtheg munud yn weddill, a dim sôn amdana i'n mynd mlân ar y ca'. Yn dilyn sgrym ganol ca', sylwes i ar Scott Otten yn codi'n araf ac yn dal ei wddwg a da'th yr alwad i fi dwymo lan. Ar ôl ishte ar y fainc am 80 munud yr wythnos cynt, yr unig beth ar 'yn meddwl i nawr, wedd ca'l cyfle i whare, yn enwedig o feddwl bod Mam a Dad a'r teulu wedi neud y siwrne lan i Cofentri i 'nghefnogi i. Ond, er yr anaf, parhau i whare na'th Scott; wedd 'yn stumog i'n troi'n gynt a chynt, fel yr hen beiriant golchi dillad 'na 'nôl yng Ngholeg y Drindod gynt! Gyda'r cloc yn agosáu at y 70 munud, a sgrym pum metr mas o linell gais y Gweilch, fe a'th Scott lawr ar ei ben-glinie ac fe dda'th 'y nghyfle i, o'r diwedd, i fynd ar y ca'. A dyma fi yn gorfod mynd miwn yn syth i sgrym amddiffynnol, gyda'r sgôr yn 15 i 17 i'r Gweilch. Fe lwyddon ni i ddal y sgrym yn gadarn, ond er gwaetha hynny, fe na'th olwyr y Wasps sgorio cais; 22 i 17 felly o blaid y Wasps. Gyda deg munud yn weddill o'r gêm, wedd tipyn o waith i'w neud. Bydde'r sgôr nesa yn hollbwysig. Fel sy'n digwydd mor amal mewn gemau, tair munud ar ôl i ni ildio'r cais, dyma un o chwaraewyr profiadol y Gweilch y dwrnod hwnnw, y canolwr Kieron Fonotia yn taro'n ôl yn syth ac yn sgorio cais i ddod â'r sgôr yn gyfartal. Ciciodd Luke Price y trosiad; 22-24 i ni, yr ymwelwyr. Dwi'n falch o weud, a ni'n nesáu at ddiwedd y gêm, ma'r Gweilch na'th reoli pob dim wedyn, gan lwyddo i orffen y gêm mewn modd dramatig iawn, gyda Hanno Dirksen yn sgorio cais na'th selio'r fuddugoliaeth, 22-31 ar ôl 80 munud. Wên i 'di dechre fy ngyrfa 'da'r Gweilch gyda buddugoliaeth – wedd dim isie gwell!

O berfformiad ar y ca' i berfformiad ar y bws. Yn debyg i nifer fowr o dimoedd erill, ma'n draddodiad i unigolyn sy wedi neud ei ymddangosiad cynta ar y ca' i fynd i ffrynt y bws ar y siwrne gatre i ganu cân ar ei ben ei hunan. Felly lan â fi at y meic... Wagon Wheel, Darius Rucker. *Nailed it*!

Da'th sawl 'cyntaf' arall yn weddol glou wedyn yng nghrys y Gweilch a hynny o achos anafiade di-ri yn safle'r bachwr. Ailddechreuodd y Gynghrair ar y chweched ar hugen o Chwefror. Y tro 'ma, y gwrthwynebwyr wedd Glasgow. Dyma 'y nghyfle i i neud fy ymddangosiad cynta yn y Gynghrair Pro 12, a hefyd fy nhro cynta i whare gatre yn Stadiwm y Liberty. Cyhoeddwyd y garfan ar gyfer y gêm ar y dydd Iau, gyda'r bachwr profiadol, Hugh Gustafson yn ei dymor ola gyda'r Gweilch yn ca'l ei enwi i ddechre yn y crys rhif 2 a finne ar y fainc. Yn dilyn sgwrs gyda Hugh, wên i'n teimlo'n itha hyderus y bydden i'n neud fy ail ymddangosiad ar y penwthnos am fod Gus wedi gweud sawl gwaith wrtha i'r wthnos honno,

"Ifan, sdim gobeth 'da fi bara yr 80 munud llawn! Felly, gwna'n siŵr bo ti'n barod i ddod mlân yn fy lle i."

Wedd chwaraewyr hynod o brofiadol a sawl enw adnabyddus iawn yn y garfan y dwrnod hwnnw – y cefnwr dibynadwy Dan Evans, y ddou ganolwr rhyngwladol Josh Matavesy ac Ashley Beck, y prop pen rhydd profiadol Paul James, yr wythwr pwerus Dan Baker, ac yn rhannu'r fainc gyda fi, y chwaraewr rheng ôl na'th fynd mlân i fod yn rhan allweddol o dîm Lloegr yn y blynyddoedd wedyn, Sam Underhill. Ges i bymtheg munud arall o whare yng nghrys y Gweilch, fy ymddangosiad cynta yn y Gynghrair a'n gêm gynta ar gaeau'r Liberty, a hefyd fy ail fuddugoliaeth, wrth i'r Gweilch sgorio 26 o bwyntiau a Glasgow 15. Wedd y dwrnod yn achlysur sbesial iawn i fi, oherwydd y canlyniad yn un peth wrth gwrs, ond mwy na hynny, y cyfle i weld Mam a Dad a'r teulu ar ôl y gêm, a'r teimlad 'na o falchder personol o weld eu hwynebe prowd. Wedd gallu rhoi rhywbeth bach 'nôl iddyn nhw yn rhoi pleser aruthrol i fi, rhaid gweud.

Yn ystod fy ngyrfa o bedwar deg ymddangosiad gyda'r Gweilch, bues i'n ddigon ffodus i sgorio sawl cais, gyda'r rhan fwya ohonyn nhw'n dod tu ôl i sgarmes symudol cryf, gyda'r blaenwyr yn fwy na pharod i neud y gwaith caib a rhaw, a finne'n fwy na hapus i gymryd y clod a rhoi'r bêl lawr dros y llinell! Ond, un cais sy'n sefyll mas yn bendant ac sy'n dal i aros yn y cof, yw'r cais yn erbyn y Cheetahs, tîm o Dde Affrica. Gêm arall yn y Gynghrair wedd hon, y pumed ar hugain o Chwefror 2018. Yr ymwelwyr gath y dechreuad gore drwy sgorio dou gais o fewn pymtheg munud; 0-12 i'r Cheetahs. A'th pethe o ddrwg i wa'th i'r Gweilch pan gath y bachwr profiadol a dibynadwy, Sam Parry anaf i'w frest ar ôl deunaw munud o'r gêm – felly, mlân â fi heb unrhyw rybudd. Yn bersonol, dwi'n credu bod dod oddi ar y fainc heb rybudd yn galler bod o fantais i chwaraewr. Fel eilydd rheng flân, ma 'na rhyw ddishgwyliad

ymhlith y chwaraewyr ar y fainc ein bod ni'n camu ar y ca'
pan fydd rhyw 20 i 30 munud yn weddill o'r gêm, ac wrth
i'r cyfnod hynny agosáu, ma'r nerfe yn gwaethygu.
Felly, ar
yr achlysur 'ma, ches i ddim cyfle i feddwl am ddim, nag i
ddechre teimlo'n nyrfys chwaith, achos wên i'n syth mlân
ar y ca'. Cyn pen dim, a'th y chwiban i orffen yr hanner
cynta, a miwn â ni i'r stafelloedd newid ar ei hôl hi o 3
pwynt i 12.

Ar ôl ca'l llond pen yn y stafell newid gan y tîm
hyfforddi, dethon ni mas yn yr ail hanner ar dân a cha'l
y dechreuad perffeth i'r ail hanner, wrth i Ashley Beck
sgorio a Sam Davies, y maswr drosi; 10-12 i'r Cheetahs,
felly. O'n safbwynt ni, wedd perfformiad yr ail hanner yn
bendant yn well na'r hanner cynta. Er hynny, wedd dim
ots beth wên ni'n ei daflu at y Cheetahs y dwrnod hwnnw,
wên nhw'n llwyddo i ymateb yn syth. Bydden ni'n sgorio a
wedyn bydde'r dynion o Dde Affrica'n taro'n ôl – ding dong
o gêm! 70 munud ar y cloc, 'nôl a mlân wedd y sgôr fwrdd;
wên ni jyst yn ffeilu'n deg â mynd ar y blân. Wrth agosáu
at ddiwedd y gêm, ciciodd Sam Davies gic gosb; y Gweilch
20, Cheetahs 26. Fydde cic gosb arall ddim yn ddigon i ni
ennill, wedd rhaid mynd am y cais. 'Nethon ni lwyddo dal
y bêl o'r ailddechre a neud ein ffordd lan y ca' tuag at linell
gais yr ymwelwyr. Wedd amser yn ein herbyn; serch hynny,
wedd tiriogaeth, meddiant a'r momentwm i gyd o'n plaid
ni a wedd rhyw deimlad y gallen ni gipio'r fuddugoliaeth o
afel y Cheetahs.

Eiliade'n unig wedd ar ôl cyn i'r cloc droi'n goch. Wên
ni yn nwy ar hugen y Cheetahs. Ac fe dda'th y cyfle, wrth
i'r bas fynd oddi wrth y mewnwr, Tom Habberfield i
Sam Davies fel y derbynnydd cynta, a finne ar y tu fiwn
yn gweld hanner cyfle. Felly, fe alwes i am y bas fer oddi
wrth Sam, wedd y bas yn un gywir, yr opsiwn yn un da,
ond fe ges i 'nal, fodfeddi yn brin o'r llinell! Yn reddfol,
'nes i ymestyn 'y mraich chwith mas mor bell â phosib...

a llwyddo i gyrradd y gwyngalch! Wedd y cais yn un dilys a dechreuodd y dathliade'n syth! Troiodd y cloc yn goch, a finne newydd sgorio cais i selio'r fuddugoliaeth. 27-26, a dyna'r tro cynta i ni fod ar y blân trwy gydol y gêm! A bod yn hollol onest, dwi ddim yn siŵr a wên ni'n haeddu ennill ai peidio, ond wedd dim llawer o ots am hynny a gweud y gwir. Wedd hi'n fuddugoliaeth gofiadwy ac ma'r atgof yn dod â gwên i'm hwyneb o hyd – 'na beth wedd yr amseru perffeth i sgorio 'nghais cynta yn y Gynghrair dros y Gweilch!

Gyda thymor y Gweilch 2021 wedi dod i ben, wedd cyfnod o bedair wthnos 'da ni'r chwaraewyr bant o'r ca' ymarfer, cyfnod i ymlacio dros yr haf. Gan amlaf, y drefen i nifer fawr o'r chwaraewyr rhanbarthol yw cymryd yr amser i ymlacio'n llwyr am y bythefnos gynta; dim ymarfer, dim pêl rygbi a dim unrhyw sylw i'r offer pwyse! Mae'n hanfodol mewn ffordd, i roi amser i'r corff i orffwys, ond yn bwysicach byth, ma angen cyfnod o orffwys yn feddyliol hefyd. Ma ymlacio a throi'r meddwl at ryw bethe erill, heblaw am rygbi yn hollbwysig, ac mor llesol i'r enaid ag yw e i'r corff.

Fis Mehefin, 2021, a finne'n dal ar fy nghyfnod o bedair wthnos o seibiant, fe ges i alwad ffôn. Fel ma'n digwydd, wên i 'di dechre dychwelyd i'r gym yn raddol bach i baratoi ar gyfer y cyfnod rhag-dymor ac yn y stafell bwyse yn Cross Hands wên i pan ganodd y ffôn. Wedd y rhif yn anghyfarwydd i fi. Ar ochor arall y ffôn wedd cyn-flaenasgellwr Cymru, ond bellach, rheolwr tîm rhyngwladol Cymru, Martyn Williams. Gyda thîm Cymru yn paratoi at daith yr haf, ges i wahoddiad i ymuno â charfan Cymru am wthnos o ymarfer. Wên i wrth 'y modd, ac ma'r wthnos 'na dreulies i yng Ngogledd Cymru gyda gweddill chwaraewyr Cymru yn gyfnod dwi'n ei drysori'n fowr.

Yn hollol ddiarwybod i fi, 'nes i whare am y tro ola yn Stadiwm Swansea.com ar ddydd Sadwrn, 23ain o Hydref

2021. Munster wedd y gwrthwynebwyr, a fe lwyddon ni ennill o 18 pwynt i 10. Ychydig a wydden i bryd hynny, na fydden i byth 'to yn ca'l troedio'r ca' hwnnw fel chwaraewr proffesiynol.

Er na 'nes i lwyddo i gyflawni hanner yr hyn wên i 'di gobeithio ei gyflawni fel chwaraewr rygbi, dwi'n edrych 'nôl gyda thipyn o falchder ar y cyfnod 'na o 'mywyd. Sdim dowt, wedd 'na gyfnode anodd, cyfnode rhwystredig, ond hefyd cyfnode hapus a bodlon dros ben. Fe dda'th rygbi â chryn tipyn o liw miwn i 'mywyd i. Gwnes ffrindie oes, ces atgofion bythgofiadwy a phrofiade anhygoel. Ond, bob hyn a hyn, dwi ffeilu peidio â meddwl, 'Beth os...?'

'Tybed ble fydden i nawr yn fy ngyrfa petawn i dal yn whare?'

Gyrfa gymharol fer wedd 'y ngyrfa broffesiynol i yn enwedig o'i chymharu â sawl Gwalch arall; dim ond rhyw bum mlynedd ges i fel chwaraewr rygbi proffesiynol. Na'th y bum mlynedd hynny drawsnewid 'y mywyd i'n llwyr; tybed felly, beth fydde pum mlynedd arall wedi cynnig i fi? Fel unigolyn hŷn, mwy profiadol, mwy cyflawn, mwy aeddfed, a mwy deallus, pwy a ŵyr? Yn grwtyn ifanc, dibrofiad, ma'n siŵr na 'nes i ddim manteisio bob tro ar brofiad a chyngor pobol erill o'm cwmpas. Bellach, dwi'n gallu gwerthfawrogi'n well beth yw gwerth gwersi bywyd a gwbod y bydden ni'n ymateb yn wahanol i ambell sefyllfa heddi o gymharu ag yn y gorffennol. Dyna beth sy'n hyfryd am gylch bywyd, y cyfleoedd a ddaw i ni i ddysgu oddi wrth ein camgymeriadau, i ddatblygu fel unigolion ac i ehangu ein gorwelion yn gyson. Ma'r rhod yn troi'n ddiddiwedd; cylch diderfyn o ddysgu yw bywyd. Fe fydda i ar adegau, fel oedolyn, yn cofio'n ôl i ddyddie ysgol ac am arwyddair doeth Ysgol y Preseli – 'Cofia Ddysgu Byw'. Os rhywbeth, ma rhyw arwyddocâd dwysach yn perthyn i'r geirie hyn i fi erbyn heddi. Er y drychineb, er y camgymeriadau, dwi'n byw yn y gobeth y galla i ailgyfeirio 'ngyrfa a pharhau i fwynhau profiade newydd – a dyw addewid bywyd ddim 'di fy siomi hyd yn hyn.

Yn anffodus, ma dyfodol rhanbarth y Gweilch i'w weld yn ansicr ar hyn o bryd. Yn rhyfedd ddigon, 'nôl yn 2019 yn ystod adeg prynu 'y nghatre cynta, wedd sôn am gwtogi nifer y rhanbarthau lawr o bedwar i dri rhanbarth. Y bwriad bryd hynny, wedd uno'r Gweilch a'r Scarlets. A dyma ni, chwe blynedd yn ddiweddarach yn wynebu ansicrwydd unweth yn rhagor ynglŷn â'r dyfodol. Yn amlwg, fel cyn-chwaraewr, fe fydden i'n teimlo'n drist iawn o weld diddymu rhanbarth y Gweilch. Er bod y gwaith sylwebu yn cynnig cyfleoedd cyson i fi wylio bob un o'r rhanbarthau yn whare yn eu tro, rhaid i fi gyfadde bod rhywbeth bach mwy sbesial, mwy personol am sylwebu ar gemau'r Gweilch. Ody, ma'r Gwalch yn y gwa'd o hyd!

"Mae'r rheng flaen yn denu chwaraewyr â rhinweddau arbennig, ac fel aelod o'r clwb arbennig yma, ma llawer o'r cymwysterau sydd eu hangen mewn bywyd gyda ti'n barod."
(Robin McBryde)

Y busnes sylwebu 'ma!

YN DILYN Y ddamwen, fe dderbynies i negeseuon di-ri yn cydymdeimlo â fi ac yn dymuno'n dda i fi ar gyfer y dyfodol. Wedd rhai o'r negeseuon 'nes i eu derbyn oddi wrth unigolion wedd 'di bod trwy brofiad tebyg i fi; Mike Jones, chwaraewr golff proffesiynol anabl o Gwmbrân a gollodd ei go's o'r ben-glin yn dilyn damwen ar ei feic; a Mia Lloyd o Aberteifi, croten ifanc na'th ddioddef o gansyr yn ddeng mlwydd oed, ac o ganlyniad i hynny, neud y penderfyniad dewr o fynd trwy lawdriniaeth, er mwyn ampiwteiddio'i cho's uwchben y ben-glin. Wedd y tecsts a'r galwade ffôn yn niferus, a Mam a 'Nhad yn derbyn yr un gefnogaeth arbennig hefyd gan deulu a ffrindie, yn ogystal â'r gymdeithas ehangach. Fe fuodd y cyfan yn gyment o galondid i ni fel teulu, yn ogystal â'r sylwade hyfryd wedd yn ymddangos ar dudalen Just Giving.

Yng nghanol y pentwr o lythyron dderbynies i, wedd llythyr tu hwnt o gefnogol oddi wrth cyn-fachwr Cymru a'r Llewod a'r hyfforddwr rygbi, Robin McBryde,

"Mae'r rheng flaen yn denu chwaraewyr â rhinweddau arbennig, ac fel aelod o'r clwb arbennig yma, ma llawer o'r cymwysterau sydd eu hangen mewn bywyd gyda ti'n barod."

Fe 'nes i ddarllen drwy'r cardie a'r llythyron fwy nag unweth ac er gwaetha'r poen a'r blinder, wên nhw'n llwyddo i ddod â gwên i'm hwyneb. Dwi hefyd yn cofio derbyn llythyr trwy'r post oddi wrth fy nghyn-bennaeth yn Ysgol y Frenni, Mr Dai Llewellyn:

"Meddwl amdanat. Mae un drws wedi cau, ond fe fydd dryse erill yn agor i Guto Ifan."

Wedd Mr Llewellyn yn llygad ei le.

Fe 'nes i sylweddoli'n weddol glou ar ôl y ddamwen, 'mod i, nid yn unig wedi colli 'ngho's, ond 'mod i hefyd wedi colli fy swydd. Yn amlwg, fyddwn i ddim mwyach yn galler ennill fy mara menyn drwy whare rygbi. Un o'r tecsts na'th gynnig cysur i fi yn y cyfnod 'ma wedd tecst oddi wrth Sion Jones, un a fu'n gwitho fel cynhyrchydd chwaraeon gyda'r BBC am flynydde, ond bellach yn uwch-gynhyrchydd gyda Chwmni Whisper Cymru. Yn syml iawn, na'th e weud yn ei decst y bydde fe'n trefnu i fi ddod i sylwebu ar y gemau, 'pan fyddi di'n barod'. Wedd hyn wedi tawelu rywfaint o'm gofide yn bendant. Wên i eisoes wedi ca'l peth profiad o fod yn westai mewn ambell gêm ac wedi mwynhau'r profiad yn fowr. Falle bydde hyn yn galler arwen at rywfaint o waith mwy sefydlog i fi, oddi ar y ca' yn hytrach nag arno fe. Dyna wedd 'y ngobeth i. Ac yn wir, fel 'na buodd hi.

Cyn hynny, fe ges i gynnig i fod yn rhan o bodlediade itha cyson 'da Rhodri Gomer, Gwyn Jones, Gareth Charles, Trystan Llŷr (ma e'n deall mwy am ganu nag yw e am rygbi!) a sawl un arall, mewn lleoliade fel Clwb Rygbi Cefneithin, pan wedd rhai cyfyngiade Covid yn dal mewn grym. Whare teg, bydde Mam a 'Nhad ar ga'l bob tro i fynd â fi i wahanol lefydd gan gynnwys y stiwdio yng Nghaerdydd ar gyfer gwaith sylwebu. Bues i'n ddigon lwcus hefyd i ga'l cynnig sawl cyfweliad ar *Heno* a *Prynhawn Da*, ac ambell sgwrs ar Radio Cymru bob hyn a hyn yn trafod rygbi'r penwthnos, neu yn edrych mlân at gemau Cymru yng nghystadleuaeth y Chwe Gwlad. Wedd y cyfan yn rhoi rhyw fath o ffocws i fi ac yn fodd i droi fy sylw at bethe erill, heblaw fy sefyllfa bresennol.

Erbyn heddi, dwi'n ystyried fy hunan yn lwcus tu hwnt 'mod i'n parhau i dderbyn tecst, neu e-bost yn itha rheolaidd yn holi a wdw i ar ga'l ar gyfer gweithio ar wahanol gemau.

Dwi'n joio mas draw y profiad o sylwebu ar gemau ar bob lefel – y Colegau, SuperRygbi Cymru, y Rhanbarthau, Cwpan Her Ewrop a gemau Cymru o dan 20 oed. Ma ca'l cydweithio gyda chyflwynwyr fel Catrin Heledd a Lauren Jenkins wedi bod yn agoriad llygad i fi a dwi wir yn eu hedmygu am eu gwaith cyflwyno graenus a'r ffordd maen nhw'n delio â chyment o bethe sy'n digwydd ar yr un pryd: gwylio'r monitor, gwrando ar lais yn parablu yn eu clustie, delio 'da chwaraewyr prin eu geirie wrth gyfweld â nhw ar ôl gêm a llu o sefyllfaoedd erill. Ma 'mharch i atyn nhw'n enfawr. Maen nhw'n paratoi yn fanwl ar gyfer pob rhaglen a dwi wedi dysgu gyment am y byd sylwebu ac am gyflwyno wrth wylio a gwrando ar y ddwy ohonyn nhw. Ond, ma dysgu wrth neud y jobyn hefyd yn rhywbeth dwi wedi ca'l profiad ohono ac ma'r gwersi hynny 'di bod yn wersi hynod o werthfawr i fi, galla i'ch sicrhau chi.

Ma sylwebu a chynnal cyfweliade yn rhan ganolog o'r arlwy byw sy ynghlwm â rhaglenni chwaraeon S4C. Yr unig beth gyda hynny, wrth gwrs, yw eich bod chi'n ffeilu rhagweld beth all fynd o'i le – probleme technegol, tywydd anffafriol, sgyrsie anodd ac ati! Ma hynny ynddo ei hun yn achosi i lif yr adrenalin gynyddu ac yn ychwanegu at elfen y cyffro angenrheidiol hwnnw, sy'n greiddiol i'r darlledu byw.

Parc Thomond, Munster, lle anhygoel i whare, un o fy hoff stadiwms i'n bendant a dwi'n falch 'mod i 'di ca'l rhedeg mas 'na fwy nag unweth – dwy waith gyda thîm y Gweilch ac unweth yn ystod fy nghyfnod ar fenthyg gyda'r Scarlets. Ond wedd dim ots pa liw crys wedd ar 'y nghefen i, colli wedd yr hanes bob tro, sy'n dangos pa mor anodd yw hi i fynd i Limerick a llwyddo i ddod o 'na yn fuddugoliaethus. Un peth sy'n neud y profiad mor arbennig yw'r awyrgylch. Ma'r stadiwm yn ddigon o faint i gynnal torf o dros 26,000 o bobol ac ar achlysuron arbennig ma'r lle'n llawn dop. Ond un peth sy'n sicr, er bod y Gwyddelod yn bobol angerddol dros ben, maen nhw hefyd yn barchus iawn o'u gwrthwynebwyr. A dyna un peth 'nes i ei ddysgu yn benodol am Barc Thomond wrth sylwebu yno'n ddiweddar. Y pymthegfed o Chwefror, 2025 – Scarlets yn erbyn Munster. Dyma'r tro cynta i fi ymweld â'r maes hwn heb orfod cario'r citbag arferol. Dim cit whare a dim bŵts rygbi. Y tro hyn, llyfr nodiade wedd 'da fi yn fy llaw a chot dwym yn 'y mreichie ar gyfer ei gwisgo yn y pwynt sylwebu. Yn y cyfnod 'ma, wedd rygbi Cymru mewn lle digon bregus; Warren Gatland wedi ymadael â'i swydd fel Prif Hyfforddwr Tîm Rygbi Cymru yng nghanol Pencampwriaeth y Chwe Gwlad, Cymru wedi colli'r gêm yn erbyn yr Eidal mas yn Rhufain am y tro cynta ers deunaw mlynedd, pedair colled ar ddeg yn olynol a dros 500 o ddwrnode heb fuddugoliaeth i'n tîm cenedlaethol. Wedd hi wir yn sefyllfa argyfyngus. Yn gwmni i fi ar y trip mas i Limerick wedd y sylwebydd profiadol, Gareth Roberts. Nawr, yn ddigon naturiol, wedd y wasg yn Iwerddon yn awyddus iawn i gynnal cyfweliad gyda ni er mwyn holi mwy am sefyllfa fregus rygbi yng Nghymru. Fe fuodd 'na dynnu co's rhyngon ni'n dou, pwy fydde'n galler siarad y Saesneg gore ar gyfer y cyfweliad – y gog o Sir Fôn, neu'r hwntw o Grymych! Yn y diwedd, nethon ni'n dou siarad! Ond fe na'th y cyfweliad or-redeg rywfaint ac felly a'th hi'n dipyn o ras arnon ni i gyrradd y pwynt sylwebu i fod yno erbyn y gic gynta. Wedd Gareth yn galler symud yn gynt na fi wrth gwrs – wel, rywfaint yn gynt! Nethon ni lwyddo cyrradd yno jyst mewn pryd cyn dechre'r gêm. Ar ôl deg munud o whare, di-sgôr wedd hi. Wedd y meddiant a'r diriogaeth i gyd gan y tîm cartref, a'r Scarlets yn ca'l eu gorfodi i aros yn eu dwy ar hugen eu hunen am sbelen hir. Wedd amddiffyn yr ymwelwyr yn gywir ac yn gorfforol, whare teg. Er hynny, gyda'r tîm cartre yn dangos y dyfalbarhad sy'n hollol nodweddiadol o whare'r Gwyddelod, fe lwyddodd Munster i sgorio eu cais cynta.

Ma 'na arferiad ym Mharc Thomond, yn dilyn y cymeradwyo a'r dathlu sy'n digwydd ar ôl sgorio cais, bod pawb yn ymdawelu'n llwyr er mwyn dangos y parch eithaf i'r ciciwr ar gyfer anelu at y pyst i drosi'r cais – boed hwnnw'n giciwr o'r tîm cartref neu o dîm yr ymwelwyr. Ma'r stadiwm cyfan yn ymdawelu ac fe allwch chi glywed pin yn cwmpo; mae'n brofiad anhygoel, miloedd o bobl mewn un lle a dim smic o sŵn i'w glywed. Wedd Gareth, fel y prif lais, eisoes wedi disgrifio'r cais yn fyw, gyda'r dorf i gyd yn y stadiwm ar eu tra'd. Fy rôl i nawr, wrth i'r whare ailymddangos ar sgrin deledu'r gwylwyr gatre, wedd rhoi sylwade ac esbonio sut y datblygodd y cais. Yn amlwg, ar y pwynt hwn, ma'r hyn sy'n digwydd ar y ca' a'r hyn ma'r gwylwyr gatre yn ei weld yn hollol wahanol. Ac felly, ma'n ffocws i'n symud oddi ar y ca' rygbi at y tri monitor teledu sydd o'n blaenau ni yn y pwynt sylwebu. Gyda'r clustffonau mlân, yr unig lais wên i'n ei glywed wedd 'yn llais 'yn hunan... yn ogystal â'r cyfarwyddiade yn 'y nghlust oddi wrth y tîm rheoli 'nôl yng Nghaerdydd. Wedd 'da fi ddim amgyffred o beth wedd lefel y sŵn o 'nghwmpas i yn y stadiwm. Fe 'nes i ymdrechu i siarad yn weddol frwdfrydig ac egnïol wrth ddisgrifio'r ailwhare. Wên i heb sylwi dim bod y ciciwr ar y ca' yn anelu at y pyst yn barod i drosi'r cais. A dyma pryd ddysges i wers bwysig arall; mae'n bendant yn talu ffordd i gadw un llygad ar y ca' wrth ddisgrifio'r ailwhare! Wedd y stadiwm wedi mynd mor dawel â'r bedd a finne'n dal i siarad yn frwdfrydig am y cais, gyda 'mhen yn y monitor yn hollol anymwybodol o'r tawelwch llethol o'm cwmpas. Yn sydyn, fe 'nes i sylwi bod y dorf wedd yn ishte o 'mlân i wedi troi 'nôl i syllu arna i'n syn. Whare teg i Gareth, na'th e roi tap fach ar fy ysgwydd i dynnu'n sylw at y sefyllfa (gan wherthin ar yr un pryd!). Fe dynnes i'r clustffonau bant, parhau i siarad, ond yn dawelach o lawer erbyn hyn, achos yr unig sŵn i'w glywed o 'nghwmpas i wedd llais y crwt o Grymych! Alla i'ch sicrhau chi na fydda i'n neud yr un camgymeriad 'to ym Mharc Thomond!

Ymweliad arall â'r Ynys Werdd sy'n aros yn y cof yw'r un ar y cynta o Fawrth 2025, Dydd Gŵyl Dewi. Wedd Caerdydd mas yn Nulyn yn herio un o gewri'r Gynghrair, neb llai na Leinster, tîm wedd 'di ennill y Gynghrair ar wyth achlysur, a hyd yn oed wedi llwyddo i ennill Cwpan Pencampwyr Ewrop bedair gwaith. Dyw'r RDS, cartref traddodiadol Leinster, ddim yn lle rhwydd i unrhyw ymwelwyr fynd iddo a llwyddo i ga'l buddugoliaeth. I fi'n bersonol, un o'r pethe sy'n neud y teithio i wahanol lefydd ar gyfer sylwebu yn rhywbeth mor hwylus, yw cwmni'r gwahanol sylwebyddion sy 'da fi ar y daith. Y tro hwn, yn cadw cwmni i fi mas yn Iwerddon wedd sylwebydd profiadol arall, sef Cennydd Davies, un â dros ugen mlynedd o brofiad ym maes darlledu chwaraeon. Wedd e'n hen gyfarwydd â'r drefen o fynd i Ddulyn a'r RDS. Ac yn wir, wedd holl drefniade'r daith yn rhwydd a chyfleus iawn i ni, achos wên ni'n aros yn y Clayton Hotel, sy reit gyferbyn â stadiwm yr RDS – delfrydol!

Wedd hi'n llai na phum munud o wâc o'r gwesty i'r stadiwm. Wedd dim hast o gwbwl arnon ni, felly gethon ni gyfle i fwynhau coffi bach arall cyn dechre'n ffordd draw. Dilyn y drefen arferol wedd ein bwriad ni'r dwrnod hwnnw, sef mynd draw i'r stadiwm rhyw ddwy awr cyn y gic gynta. Wedd Cennydd ar *auto pilot*, a finne'n ymddiried yn llwyr yn ei brofiad, heb gwestiynu dim. Mas â ni o'r gwesty, croesi'r hewl a mynd tuag at iete yr RDS i ga'l ein *accreditations* – y cardie adnabod unigol hynny sy'n ein galluogi ni i fynd ar y ca' i gynnal cyfweliade ac ati. Nethon ni gyrradd yr iete ond wedd dim sôn am neb yno. Na'th hyn achosi bach o grafu pen i ni, ac felly fe benderfynon ni gerdded i gyfeiriad yr iete ym mhen arall y stadiwm. Ond yr un peth wedd yn ein dishgwyl ni fan 'na 'fyd. Wedd pob dim ar gau, dim sôn am neb ac wedd hi'n anghyfarwydd o dawel yno a gweud y gwir. Dechreuon ni gwestiynu a wên ni 'di neud camsyniad o ran amser y gic gynta. Fe benderfynon ni roi galwad ffôn i'r rheolwr llawr, wedd wedi trefnu dod i gwrdd â ni ar y dwrnod. Cennydd na'th yr alwad, gan ofyn yn garedig iddi ddod i gwrdd â ni ar bwys y brif fynedfa. Gethon ni alwad 'nôl wrthi mewn pum munud yn gweud ei bod hi'n sefyll yn aros amdanon ni wrth y fynedfa, ond wedd Cennydd a finne ffeilu gweld neb. Felly, fe na'th Cennydd bwysleisio'n union ble wên ni, prif fynedfa RDS...

"RDS? *The game is in the Aviva!*" medde'r llais ar ben arall y ffôn.

A dyna pryd nethon ni sylweddoli! O achos y gwaith adeiladu wedd yn digwydd yn yr RDS, wedd y gêm wedi ca'l ei symud i'r brif stadiwm, yr Aviva, lle ma'r tîm rhyngwladol yn whare. Diolch byth, wên ni ddim 'di gwastraffu gormod o amser yn trial mynd miwn i'r stadiwm anghywir! Heb oedi rhagor, gethon ni dacsi i fynd â ni i Stadiwm Aviva, rhyw ddeg munud i ffwrdd, lawr yr hewl. A wedd neb, wir ddim callach o'n camgymeriad ni. Ond, wên i 'di dysgu gwers weddol elfennol y dwrnod hwnnw – mor bwysig yw gwbod ble yn union ma pen y daith!

Yn ogystal â gemau'r Rhanbarthau, dwi hefyd yn ca'l lot o bleser sylwebu ar gemau Super Rygbi Cymru (yr Indigo Prem fel wedd e gynt). Os rhywbeth, ma'r gemau hyn yn golygu bod angen tipyn mwy o fewnbwn oddi wrthon ni, y gwesteion, gan fod ein dyletswydde ni'n cynnwys siarad cyn ac ar ôl y gêm, rhoi sylwade yn ystod yr egwyl ar hanner amser, a hefyd bod yn ail lais i'r prif sylwebydd. Ma cyfle cyson, yn ogystal, i gynnal cyfweliade 'da hyfforddwyr a chwaraewyr y ddou dîm. A gweud y gwir, ma'r nosweithi hyn yn cadw ni'n itha bishi!

Chwefror 15fed 2024, y Wern, Merthyr wedd lleoliad y gêm, a bois Casnewydd wedd y gwrthwynebwyr ar y noson. Yn y cyfnod hwnnw, wedd Casnewydd yn un o'r ffefrynnau i ennill Cynghrair yr Indigo Prem. O ran y tabl, wên nhw yn yr ail safle, gyda Llanymddyfri ar y brig. Anghyson wedd perfformiadau Merthyr wedi bod yn ystod y tymor hwnnw, ond o whare ar eu tomen eu hunen, wedd unrhyw beth yn bosib. Felly, wên nhw'n sicr yn ddigon hyderus yn mynd miwn i'r frwydr. Un peth wedd yn amlwg yn wendid gan Merthyr ar y pryd ac felly yn bwynt trafod i ni cyn y gêm, wedd diffyg disgyblaeth y chwaraewyr. Y tueddiad gan Merthyr y tymor hwnnw wedd whare'n dda ar ddechre'r gêm a llwyddo i fod ar y blân am ryw 60 munud, ond wedyn, oherwydd diffyg disgyblaeth, bydde'r tîm yn derbyn carden felen neu garden goch, ac felly'n gwastraffu ymdrechion hanner cynta'r gêm. Yn anffodus i Paddy McBride, capten Merthyr, dyna'n union y sefyllfa y noson honno. Fe gath Merthyr ddwy garden felen yn agos at ddiwedd y gêm ac felly, gyda'r tîm lawr i dri dyn ar ddeg a Chasnewydd yn llwyddo i whare'n glinigol iawn, colli fu hanes Merthyr. Canodd y chwiban ola ac fe es inne yn syth o'r pwynt sylwebu lawr i'r stiwdio i ymuno â Lauren Jenkins a Llywarch ap Myrddin.

Ma Llywarch yn gyn-chwaraewr clwb Casnewydd, wedi whare 57 o gemau iddyn nhw, gan sgorio 16 cais i'r clwb. Er yn dod yn wreiddiol o Lanrwst, ma fe bellach yn gwitho fel athro yn Ysgol Gyfun Glantaf. Bob tro ma Llywarch a finne'n rhannu'r dyletswydde sylwebu gyda Whisper Cymru, sy'n darparu sylwebaeth yn y Gymra'g a'r Saesneg, ma 'na dipyn o drafod a thynnu co's pa un ohonon ni sy'n ca'l sylwebu yn y Gymra'g, gan taw dyna fydde dewis cynta y ddou ohonon ni a gweud y gwir. Wel, pa ffordd well (ac arbennig o aeddfed!) o ddatrys y dilema na thrwy whare *rock, paper, scissors*; dwi'n falch o weud 'mod i heb golli unweth 'to, hyd yn hyn, ta beth!

Gyda Merthyr wedi colli, fy nyletswydd nesa i wedd cynnal cyfweliad gyda chapten y tîm, Paddy McBride. Ma'r busnes 'ma o holi cwestiyne yn rhywbeth dwi'n dal i ffindo ei fod e dipyn yn anoddach na'u hateb nhw. A gweud y gwir, ar y dechre wên i'n ffindo'r cyfan yn dipyn o sialens. Bydde'n rhaid i fi ganolbwyntio ar holi cwestiyne addas i'r person wedd yn sefyll o 'mlân i, tra 'mod i, ar yr un pryd, yn trial gwrando ar gyfarwyddiade'r cyfarwyddwr neu'r cynhyrchydd yn 'y nghlust i. Cofiwch, ma'r profiad yn galler bod yn un digon anodd hefyd i'r chwaraewr sy'n ca'l ei gyfweld, yn enwedig os taw colli fu hanes ei dîm. Yn amal, ma emosiyne'n galler ca'l y gore arnoch chi, gyda'r adrenalin yn dal i bwmpo drwy'r corff ar ddiwedd y gêm. A bod yn deg hefyd, anaml y bydd chwaraewyr y timau lled broffesiynol yn ca'l eu cyfweld ar y teledu ac o ganlyniad, ma'r profiad yn galler bod yn un itha anghyfarwydd i nifer ohonyn nhw. Dechreues i'r cyfweliad 'da Paddy, y capten drwy holi...

"*Tough night tonight, Paddy?*"

A ches i ateb digon parchus a synhwyrol. Felly, dyma fi'n gofyn yr ail gwestiwn, a hwnnw'n amlwg yn ffocysu ar ddiffyg disgyblaeth Merthyr yn ystod y gêm, rhywbeth wedd, siŵr o fod, yn ddigon rhwystredig iddo fe fel capten.

"*Lack of discipline has been a big issue for you throughout this season and it certainly cost you dearly again this evening. How do you reflect on that?*"

Wedd ateb y capten yn un digon lliwgar,

"*Newport, they're a fucking good team to be fair. It's hard enough with fucking 15 men, never mind 13! Things slipped passed us and that's when they started building the points.*"

Wel, a bod yn onest wên i mor fishi yn meddwl am shwt wên i'n mynd i gloi'r cyfweliad wên i ddim 'di sylwi ei fod e wedi rhegi. Wir i chi! Y cyfan wên i'n clywed yn 'y nghlust wedd Gareth y cynhyrchydd yn gweud, "*Apologise for swearing, apologise for swearing.*" 'Nes i wir feddwl ar y dechre mai fi wedd wedi rhegi, cyn deall mai 'yn rôl i wrth gwrs, wedd ymddiheuro i'r gwylwyr ar ran y capten am ei ddefnydd o iaith anweddus. Dyma'r tro cynta i fi brofi unrhyw un yn defnyddio iaith o'r fath yn fyw ar y teledu.

Ar ddiwedd y cyfweliad, fe 'nes i wenu, diolch i Paddy am roi o'i amser, a chan edrych yn syth i miwn i'r camera, fe 'nes i ymddiheuro am yr iaith annerbyniol. Yna, gyda'r rhyddhad mwya, 'nes i weud, "A 'nôl â ni nawr at Lauren yn y stiwdio!"

Dwi ddim yn meddwl 'mod i 'di delio 'da'r sefyllfa yn grêt a bod yn onest, ond fe ddysges i wers werthfawr yn sgîl y profiad hwnnw. Ers hynny, dwi'n neud yn siŵr 'mod i'n atgoffa pawb dwi'n eu cyfweld, ein bod ni'n fyw ar S4C ac felly bod angen bod yn wyliadwrus rhag defnyddio iaith anaddas. Cyfweliad cofiadwy iawn wedd hwnnw, er braidd yn anghyfforddus falle, ond dwi'n dal yn ca'l pwl o wherthin wrth ail-fyw'r profiad, rhaid cyfadde!

Fel chwaraewr, dwi wir ddim yn meddwl 'mod i 'di 'styried pa mor lwcus wên i i ga'l teithio fan hyn a fan 'co i whare gemau yn weddol gyson ac wrth gwrs, yn sgîl hynny, i ga'l gweld tipyn o'r byd. Fel sylwebydd, dwi'n teimlo 'mod i'n llawer mwy gwerthfawrogol o'r cyfleoedd sy'n dod i'm rhan i, o ga'l mynd i Iwerddon, yr Alban, Ffrainc, yr Eidal, Lloegr ac i Dde Affrica i weithio ar gemau. Bellach, dwi ddim yn cymryd y cyfan yn ganiataol, fel byddwn i gynt. Dwi'n ddiolchgar am bob cyfle a gweud y gwir ac yn trysori profiade ar bob taith. Ma 'nyled i'n fowr i S4C ac i bawb sy'n darparu'r cyfleoedd 'ma i fi yn gyson. Ma'r profiade dwi 'di ca'l ym myd rygbi, ar y ca' ac oddi arno wedi cyfrannu tipyn at y person wdw i heddi – i fy mhersonoliaeth a 'nghymeriad i. Er hynny, bob nawr ac yn y man, ma'r teimlad o isie bod 'nôl ar y ca' yng nghanol cyffro'r whare, yn dod drosta i mewn tonne. Wedd e'n rhywbeth wedd yn croesi 'yn meddwl i gryn dipyn yn y dyddie cynnar ar ôl y ddamwen, ond bellach, fel sylwebydd, dwi wedi dysgu derbyn, taw ar ochor y ca' ac nid arno fe, ma'n lle i erbyn hyn. Ma Mam-gu'n gweud yn amal,

"Ni ddaw ddoe yn ôl."

Ac ma hynny'n ddigon gwir. Yn syml, dyma 'mywyd i

nawr, dyma'n sefyllfa i a dwi'n sylweddoli, fe alle pethe 'di bod dipyn yn wa'th. Ma 'nwy dro'd i (er bod un ohonyn nhw 'di neud mas o fetel erbyn hyn) yn dal yn gadarn ar y ddaear. Ma'r cyfleoedd i drafeili a gweld y byd, siarad am y gamp sydd wedi rhoi gyment o bleser a mwynhad i fi ers wên i'n grwtyn bach, yn rhywbeth dwi wir yn ei werthfawrogi. Ie, whare'r gêm wedd y freuddwyd, ond erbyn hyn, dwi'n galler gweud yn hollol ddiffuant, bod mwy i fywyd na rygbi.

Yn amal, ma tuedd 'da ni i gyd i ganolbwyntio gormod ar yr hyn sy wedi ca'l i gymryd oddi wrthon ni, yn hytrach na diolch am yr hyn sy'n dal 'da ni. Yn bersonol, dyna'r nod i fi nawr, i fachu ar bob cyfle a phrofiad newydd a ddaw i'm rhan. Sdim dowt, ma rygbi yn parhau yn rhan enfawr o 'mywyd i, mewn sawl ffordd, drwy hyfforddi fy nghlwb lleol, cyflwyno ambell eitem ar y radio a'r teledu, sylwebu fel ail lais, bod yn westai yn y stiwdio neu ar ochor y ca', a chynnal cyfweliade gydag ambell chwaraewr neu gapten brwdfrydig, ond heb y rhegfeydd gobitho!

Ma'r wefr, yn sicr, yn dal yno – ma rygbi'n gêm a hanner!

"... 'nes i sylweddoli bod y cyfle 'ma wedi bod yn un mor werthfawr... yn brofiad llesol i'r corff a'r enaid ac yn gyfle na fydden i, o bosib, wedi ei dderbyn... oni bai am y ddamwen"

De Affrica

DDYDD GWENER, Y nawfed o Fehefin 2023, whap ar ôl hanner dydd, fe ges i alwad ffôn annisgwyl yn holi a fydde diddordeb 'da fi fynd mas i Cape Town, De Affrica, am fis cyfan fel rhan o dîm sylwebu S4C – yr achlysur, Cwpan y Byd dan 20 oed. Wel, wedd ddim isie meddwl yn hir iawn cyn ateb!

Y dydd Llun canlynol, 'nes i fynychu cyfarfod yng ngwesty'r Vale, Caerdydd, er mwyn trafod y rhaglen a manylion y daith. Hedfan o faes awyr Heathrow ar yr ugeinfed o Fehefin wedd dechre'r siwrne, taith o ryw ddeuddeg awr yn yr awyren. Wên i wedi trefnu cwrdd â Lauren Jenkins, y cyflwynydd a Llew Williams, y rheolwr llawr, ond â chyfrifoldeb am bopeth arall hefyd, whare teg iddo, yng Nghaerdydd cyn teithio 'da'n gilydd i'r maes awyr. Allen i ddim 'di gofyn am well cwmni ar y daith i Dde Affrica.

Dyddiad dechre'r gystadleuaeth i garfan Cymru dan 20 wedd y pedwerydd ar hugen o Fehefin 2023; eu gwrthwynebwyr cynta yn y gystadleuaeth wedd neb llai na'r Cryse Duon, sef Seland Newydd. Dwi'n cofio teimlo'n hynod o gyffrous wrth agosáu at Paarl Gimnasium, sef lleoliad y gêm, a hynny am fwy nag un rheswm. Yn gynta, wên i wir yn edrych mlân i weld y talent ifanc – chwaraewyr fel Morgan Morse a Dan Edwards, sef dyfodol rygbi Cymru, yn mynd amdani yn erbyn goreuon y byd. Ond hefyd, ar lefel hollol bersonol, 'nes i erio'd ga'l y cyfle, fel chwaraewr o weld perfformiad byw o'r Haka, felly wedd hyn yn mynd i fod yn brofiad newydd a chofiadwy iawn i fi.

Da'th y Cymry mas ar dân gyda Dan Edwards yn llywio'r whare a blaenwyr Cymru yn barod am y frwydyr gorfforol wedd yn amlwg yn eu haros. Yn anffodus, dda'th 'na ddim buddugoliaeth i ran y Cymry ifanc a'u prif hyfforddwr, Mark Jones, er i'r sgôr terfynol fod mor agos. Colli o un pwynt oedd eu hanes, 26 pwynt i 27, er hynny, cafwyd perfformiad addawol iawn gan y Cymry a wedd hynny yn destun canmoliaeth a balchder.

Yn ystod y daith mas i Dde Affrica, fe dderbynies i gyfle breintiedig iawn, un o brofiade mwya cofiadwy'r daith i fi'n bersonol. Rheolwr tîm Cymru dan 20 ar y pryd wedd Andy Lloyd, gŵr 'nes i gyfarfod ag e am y tro cynta 'nôl yn 2016 yn ystod cyfnod arwyddo fy nghytundeb cynta gyda'r Gweilch, rhywun dwi'n teimlo bod fy nyled yn fowr iddo. Cyn pob gêm ryngwladol, yn dilyn cyhoeddi enwi'r tîm, ma 'na gyfarfod yn ca'l ei gynnal er mwyn cyflwyno'r cryse i'r chwaraewyr ifanc. Fel arfer, ma'r fraint o gyflwyno'r cryse yn dod i ran unigolion nodedig sy wedi gwneud eu marc yn y gamp. Wedd carfan Cymru dan 20 yn aros yn yr un gwesty â fi, Lauren a Llew ac un bore, wrth yfed fy nghoffi, fe dda'th Andy Lloyd ata i a gofyn a fydden i'n fodlon cyflwyno'r cryse i'r bois ifanc a dweud ychydig o eirie i'w hysbrydoli cyn eu gêm yn erbyn Japan, sef ail rownd Cwpan y Byd. Dyma beth wedd braint yn wir, ac yn gyfle 'nes i ei fachu'n syth. A gweud y gwir wên i'n teimlo braidd yn annigonol yn derbyn y fath anrhydedd. Dyma brofiad dwi'n ei drysori'n fowr iawn ac y bydda i'n dal i'w drysori yn y dyfodol.

Y dwrnod canlynol ar y 29ain o Fehefin, yng nghwmni Lauren a Llew, es i i Stadiwm Danie Craven yn Stellenbosch i wylio'r gêm. Wedd Japan yn dîm ymosodol da iawn, ond ar ôl perfformiad cadarn y Cymry ifanc yn erbyn Seland Newydd (ac wrth gwrs, yn dilyn fy araith ysbrydoledig i!)

wedd hyder y chwaraewyr yn uchel ar ddechre'r gêm. Am ryw chwe deg munud wedd pethe'n weddol agos rhwng y ddou dîm, ond gyda Morgan Morse yn serennu a do, fe gath e 'i ddewis yn 'Seren y Gêm', na'th Cymru gymryd rheolaeth lwyr o bethe a sicrhau buddugoliaeth dda o 41 pwynt i 19.

Ar y dwrnode hynny, pan na wedd gwaith sylwebu neu bodlediad yn galw, wedd 'da ni beth amser i ymlacio a chyfle i fanteisio ar y cyfnod rhydd, drwy ymweld â gwahanol rannau o'r wlad. Ma'r wlad hon yn hynod o brydferth ac yn cynnwys golygfeydd anhygoel. Ond, ma'r tlodi mewn ardaloedd penodol o Dde Affrica, yn agwedd amlwg sy hefyd yn eich taro chi wrth deithio o gwmpas, a'r gwrthgyferbyniad rhwng y cyfoethog a'r tlawd yn nodedig. Fel un wedd wedi ymweld â De Affrica o'r blân, fe fuodd Lauren fel mam i Llew a finne, gan ein harwen a'n tywys i wahanol lefydd gwerth eu gweld – bydden ni 'di bod ar goll hebddi, a gweud y gwir. Chapsman Peak wedd y cyrchfan ar y cynta o Orffennaf ac yna, Table Mountain ar y chweched, wedd rheiny bron cystel â mynyddoedd y Preselau! Fe nethon ni ymweld â Vineyard Oldenburg yn Stellenbosch hefyd i flasu'r gwin gore yn Ne Affrica a dod gatre â sawl potel fach i'r teulu. Yn ogystal, na'th Llew a finne gymryd y cyfle i fynd ar gwch i Robben Island, lle gath Nelson Mandela a nifer o arweinwyr dylanwadol erill y wlad, eu carcharu. Ma'r lle wrth gwrs, yn whare rhan bwysig yn y daith i sicrhau cydraddoldeb hiliol yn Ne Affrica. Wedd y profiad hwn yn un na'th agor fy llyged i, yn enwedig o gofio bod ein tywysydd y dwrnod hwnnw, hefyd wedi treulio cyfnod yn y carchar 'ma. Dwrnod arbennig o deimladwy a chyfle i ddysgu am hanes y cyfnod cythryblus hwnnw.

Wrth deithio o gwmpas y wlad, wedd y tlodi yn amlwg, a nifer y digartre ym mhentrefi'r *townships* yn olygfa drist a gofidus iawn. Fel ymwelwyr, gethon ni ein rhybuddio sawl gwaith i beidio â mynd i unman ar ein pen ein hunen. Un noson, ar ôl bod mas i swper, na'th gyrrwr y tacsi fynd â ni 'nôl i'r gwesty ar hyd hewl wahanol i'r arfer. Wrth ddreifio i lawr ar hyd yr hewl honno, fe ddethon ni ar draws rhes o bobol digartre yn sefyll o'n blaene ni yn atal ceir rhag mynd heibio. Do'dd dim modd troi rownd, achos, yn syml iawn, wedd yr hewl yn rhy gul o lawer. Na'th gyrrwr y tacsi gloi dryse'r car yn syth a throi at y tri ohonon ni a'n hannog ni i gwato unrhyw beth wedd yn ymddangos yn ddrud, neu'n werthfawr. Felly, miwn i'r boced a'th y ffôn symudol ac fe guddion ni bopeth o werth ariannol yn weddol glou. Ar ôl syllu miwn i'r car am sbelen fach, fe benderfynon nhw ein gadel ni i fynd mlân ar ein taith. Yn amlwg, wedd dim syniad 'da nhw beth wedd gwerth y go's brosthetig! Er hynny, wedd y rhybudd yn un clir, a'r neges i fod yn wyliadwrus yn un na nethon ni ei hanghofio am weddill y daith.

Wedd Cymru mewn grŵp hynod o anodd a heriol yng nghystadleuaeth Cwpan y Byd dan 20, 2023, am eu bod nhw yn yr un grŵp â dou o'r ffefrynne i ennill y gystadleuaeth, sef Seland Newydd a Ffrainc. Y Ffrancwyr wedd gwrthwynebwyr Cymru yn y drydedd rownd. Stadiwm Athlone wedd y lleoliad; stadiwm anhygoel, ond un sy wedi ei lleoli mewn ardal ddigon bregus a pheryglus yn y ddinas. Da'th hyn i'r amlwg wrth i ni gyrradd y stadiwm a gweld presenoldeb niferus yr heddlu ym mhobman. Wedd y Ffrancwyr yn whamps o fois ac un o'r enwau amlyca ymhlith y pac wedd Posolo Tuilagi, mab yr wythwr Henry Tuilagi, brawd canolwr Lloegr wrth gwrs sef Manu Tuilagi. Dim ond deunaw oed wedd Posolo Tuilagi adeg Cystadleuaeth Cwpan y Byd 2023, ond wedd e'n slabyn o foi yn pwyso 145 cilogram ac yn chwaraewr a allai whare yn yr ail reng neu'r rheng ôl. Talent enfawr.

Yn ystod y cyfnod twymo lan, gyda Lauren a finne'n paratoi ar gyfer y rhaglen, wên ni'n sefyll rhyw ddeg llath oddi wrth chwaraewyr Ffrainc. Buon ni'n gwylio'r blaenwyr yn cynhesu cyn y gêm a dwi'n ofni 'mod i'n gwbod bryd hynny bod bois Cymru'n wynebu yffach o her y dwrnod hwnnw. Wedd maint corfforol y Ffrancwyr ifanc 'ma yn anhygoel; a gweud y gwir, wên i'n teimlo'n ofnadw o nyrfys dros fechgyn Cymru. Wel, er yr ymdrech deg, colli'n drwm nethon ni o 43 o bwyntie i 19. Wedd pwyse pac Ffrainc yn ormod i'r cryts yn y cryse cochion, wedd ein sgrym ni dan bwyse a'r sgarmes symudol yn arf hynod bwerus i'r Ffrancwyr. Sdim dwywaith, wedd eu goruchafiaeth nhw'n amlwg a hynny'n ca'l ei amlygu yn y ffaith i dîm hyfforddi Ffrainc dynnu Posolo Tuilagi oddi ar y ca' ar ôl 35 o funude yn unig, gan wbod bod y canlyniad yn saff. Wedd dim i'w neud ond trial dysgu ambell wers a symud mlân at y gêm nesa.

Georgia wedd y gwrthwynebwyr, tîm wedd wedi creu tipyn o argraff yng ngemau agoriadol y gystadleuaeth. Wedd Georgia a Chymru yn ddigon cyfarwydd â'i gilydd. Pam? Wel am fod y ddou dîm yn aros yn yr un gwesty, felly bydde digon o dynnu co's rhwng y chwaraewyr yn digwydd yn ddyddiol. Wedd aelodau'r ddwy garfan wedi ca'l eu siarsio i gadw cyfrinachedd yn dilyn eu cyfarfodydd ac i sicrhau na wedd tactege hollbwysig y gêm arfaethedig yn ca'l eu rhannu'n ddamweiniol ag unrhyw un o dîm y gwrthwynebwyr cyn y dwrnod mowr!

Y 9fed o Orffennaf, 2023, dwrnod gêm Cymru yn erbyn Georgia, sef gêm ola'r grŵp. Enillodd Cymru y frwydyr o 40 o bwyntie i 21. Wedd hi'n achlysur cofiadwy i fi, Lauren a Llew, ond nid o reidrwydd o achos y rygbi... ond yn hytrach oherwydd y probleme technegol gethon ni. Ar ddiwedd y gêm, fe na'th Lauren a finne gyfweld â Mark Jones a Dan Edwards, gan eu llongyfarch ar berfformiad llwyddiannus y tîm. Y drefen ar ddiwedd pob rhaglen yw ein bod ni'n derbyn neges trwy'r clustffonau gan y stiwdio 'nôl yng Nghaerdydd i ddweud pryd mae dod â phethe i fwcwl er mwyn cloi'r rhaglen yn daclus ac mewn da bryd. Ond, y tro hwn, wên ni ddim yn clywed dim... wedd y linc yn cysylltu De Affrica â Chymru wedi diflannu. Wel, erbyn hyn wedd dim syniad 'da Lauren na finne faint o amser wedd yn weddill 'da ni cyn diwedd y rhaglen. Nethon ni barhau gyda'r sgwrsio, yn y gobeth y bydde'r nam technegol yn ca'l ei drwsio'n weddol glou. Diolch byth am feddwl chwim Llew, o'i safle tu ôl i'r camera. Fe na'th Llew ffonio un o'r cyfarwyddwyr 'nôl yng Nghaerdydd jyst mewn pryd. Dim ond deg eiliad wedd ar ôl tan y bydde'r rhaglen yn mynd oddi ar yr awyr, felly 'na ble wedd Llew yn dal ei ddwylo lan tu ôl y camera yn cyfri Lauren lawr o ddeg. Wedd neb o'r gwylwyr gatre yn ymwybodol o'r probleme technegol wrth gwrs, a dalies i a Lauren i wenu drwy'r cyfan. Fe sylweddoles i'r dwrnod hwnnw pa mor bwysig yw hi i beidio â phanico a hefyd, pa mor werthfawr yw gwaith tîm da. Ac yng ngeirie Lauren, "Diolch byth am fysedd disglair Llew!"

Ar ôl llwyddiant yr wythnos cynt yn erbyn Georgia yn Paarl Gimnasium, gwobr y Cymry ifanc wedd ca'l y cyfle i orffen yn y bumed safle yn y gystadleuaeth. Awstralia wedd y gwrthwynebwyr – tîm digon twyllodrus gydag olwyr dawnus a phac wedd yn ymfalchïo yn eu sgilie yn y safleoedd gosod. Wedd gofyn i'r Cymry fod ar eu gore am un gêm arall cyn hedfan 'nôl gatre. Gyda'r chwaraewyr i gyd yn ymwybodol mai dyma'r cyfle ola i fod yn rhan o gystadleuaeth Cwpan y Byd 2023, wedd y garfan gyfan a'r hyfforddwyr yn awyddus i gloi'r gystadleuaeth mewn modd cofiadwy.

14eg o Orffennaf wedd y dyddiad ac, am y tro ola, galwon ni am dacsi i fynd â ni o'r gwesty lawr i'r stadiwm; teimlad digon rhyfedd a bod yn onest. Ar ôl cyfnod o bedair wthnos mas yn Ne Affrica, yn mwynhau cwmni arbennig, gweld golygfeydd anhygoel a chreu atgofion melys tu hwnt, wedd y profiad o fod yng nghanol cyffro Cwpan y Byd dan 20, 2023, bron ar ben, nid yn unig i'r chwaraewyr ond hefyd i fi, Lauren a Llew. O ran y rygbi, wedd y dwrnod hwn yn ddwrnod enfawr oherwydd, yn ogystal â gêm Cymru, wedd gemau'r rowndiau terfynol hefyd yn ca'l eu cynnal yn Stadiwm Athlone; ie, tair gêm i gyd, ac yn eu plith, y tîm cartref, De Affrica yn cystadlu am y drydedd safle yn erbyn y Saeson. Y gêm fowr heb os, wedd Iwerddon yn erbyn Ffrainc. Wedd yr holl whare dros y mis dwetha wedi arwen at y dwrnod hwn. Y nod yn amlwg wedd codi'r tlws a cha'l y fraint o ga'l eu henwi yn bencampwyr y byd.

Tybed, felly, shwt fydde'r Cymry ifanc yn perfformio? Wel, chethon nhw fowr o hwyl arni, yn anffodus. Wedd hi'n un gêm yn ormod iddyn nhw a cholli'n drwm wedd eu hanes o 57 o bwyntiau i 33. Er eu hymdrechion dewr, gorffen yn y chweched safle na'th y Cryse Cochion. Siom ar y ca' yn amlwg ond, unweth yn rhagor, wedd tipyn o ofidie gyda ni, y criw teledu oddi ar y ca' hefyd.

Yn ystod gêm Cymru, wên i 'di sylwi bod nifer y dorf yn y stadiwm wedi cynyddu'n sylweddol; cefnogwyr y tîm cartre, De Affrica yn cyrradd yn eu cannoedd i'w cefnogi yn eu hymdrechion i sicrhau'r drydedd safle yn y twrnament. Wedd y ffaith bod tair gêm bwysig yn ca'l eu whare mewn un lleoliad, a'r rheiny'n digwydd yn syth ar ôl ei gilydd, wedi denu torf enfawr, a phawb yn gwneud defnydd diddiwedd o'u ffonau symudol a'r signal felly yn gwanhau, wrth i bob cefnogwr ychwanegol a'i ffôn gyrradd y stadiwm! Nawr, wedd llunie byw o'r gêm yn cyrradd 'nôl gatre yn saff gan mai World Feed wedd yn gyfrifol am y rheiny. Ond, gyda diwedd gêm Cymru yn agosáu, a stadiwm Athlone yn llawn dop erbyn hyn, y broblem 'da ni wedd bod y diffyg signal yn mynd i amharu ar ein gallu ni i anfon llunie'r cyfweliade ar ddiwedd y gêm 'nôl i Gymru. A gweud y gwir, wedd pethe ddim yn edrych yn obeithiol o gwbwl. Eiliade cyn bod Lauren a finne'n mynd 'nôl ar yr awyr, fe na'th Llew ddod i'r adwy, unweth 'to! Rhyw ffordd, na'th e lwyddo i'n hailgysylltu ni a sicrhau bod rhan ola'r rhaglen yn ca'l ei darlledu yn ddigon didrafferth, diolch byth. Ar ôl gorffen y cyfweliade, a finne'n dal ddim yn siŵr shwt wedd popeth 'di llwyddo i droi mas yn iawn. fe ofynnes i i Llew beth yn gwmws wedd e 'di neud i ddatrys y broblem. A bod yn onest, wên i'n dishgwyl rhyw ateb technolegol cymhleth ond yr ateb syml ges i wedd,

"Wel, i ddechre, fe droies i bopeth bant a wedyn troi'r cyfan 'nôl mlân 'to, croesi pob dim a jyst gobitho'r gore!"

A do, fe weithodd e!

Arhoson ni yn Athlone am weddill y dydd i fwynhau'r rygbi; De Affrica yn cipio'r drydedd safle a Ffrainc yn trechu'r Gwyddelod. Ac felly, gyda'r twrnament wedi dod i ben, Pencampwyr Cwpan y Byd dan 20, 2023 wedd y Ffrancwyr.

Ar lefel bersonol, wedd yr holl brofiad 'di bod yn un sbesial iawn i fi a bellach, dim ond hedfan gatre i Gymru wedd i'w 'neud. Wrth ffarwelio â De Affrica, fe 'nes i sylweddoli bod y cyfle 'ma wedi bod yn un mor werthfawr a mor arbennig; yn brofiad llesol i'r corff a'r enaid, ac yn gyfle na fydden i, o bosib, wedi ei dderbyn oni bai am fy sefyllfa bresennol. Ie, oni bai am y ddamwen…. Yn sicr, wedd gyment 'da fi i fod yn ddiolchgar amdano.

"A bod yn onest, un bwriad yn unig wedd 'da fi – a dilyn llwybr 'Nhad wedd hwnnw"

Pwysigrwydd Magwraeth

PAN BRIODODD FY rhieni yn Awst 1990, fe ymgartrefon nhw yn Brohedydd ym mhentre Hermon, dwy filltir o Grymych. Bydde 'Nhad yn trafeili'r bedair milltir 'nôl i'r ffarm bob dydd i 'neud ei waith dyddiol a Mam yn mynd i gyfeiriad Hendy-gwyn-ar-Daf, lle wedd hi, ar y pryd, yn gwitho fel athrawes yn Ysgol Dyffryn Taf. Dechreuodd Mam ei gyrfa dysgu yn ysgol Glan-y-môr, Porth Tywyn ond wedd 'na dynfa yn ei denu hi'n ôl am gatre o'r cychwyn cynta – rhyw ffarmwr o chwaraewr rygbi! A 'nôl am gatre da'th hi!

Parhau i witho 'na'th Mam yn ystod blynyddoedd cynnar fy 'mrawd a'n chwa'r, Elen a Daf. Ond, pan ddes i i'r byd, 'na'th hi benderfynu rhoi'r gore i fod yn athrawes am y tro, er mwyn bod gatre am sbelen fach 'da fi. Ta beth, mynd 'nôl i ddysgu 'na'th hi maes o law – dwi ddim yn siŵr a wedd hynny'n rhywbeth i neud â fi yn benodol, neu beidio! Fe fuodd hi'n cyflenwi i ddechre cyn mynd 'nôl i ddysgu yn llawn amser a hynny yn Ysgol y Preseli, Crymych ym Medi 2001. Gath hi bleser mowr o weld fi, Elen a Daf yn datblygu fel unigolion yn Ysgol y Preseli o flwyddyn saith hyd at y chweched dosbarth. Na'th hi ymddeol yn Rhagfyr 2020 o'i swydd fel dirprwy brifathrawes yr ysgol, ac yn ôl llawer o ddisgyblion yr ysgol, gorffen bod yn 'Mam yr Ysgol'.

Yn ystod ein cyfnod ni fel teulu yn byw yn Hermon, wedd cymdogion hyfryd o'n cwmpas. Yn byw un ochor i ni wedd Ann, Vernon a'u plant, Sian Elin, Emlyn a Dafydd; ar yr ochor arall, y teulu Reynolds, Sylvia a Terry a'u merched, Donna a Shelley. Fel mae'n digwydd wedd Sylvia yn gwitho fel gwarchodwraig plant – handi dros ben yn ôl Mam! Fe gath y tri ohonon ni, yn ogystal â Luned a Cadi (plant Nerys, chwa'r Mam, ac Andrew ei gŵr) amsere arbennig o dan ei gofal hi am nifer o flynydde. Wedd hi'n llawn syniade o ran cynnal gweithgaredde gwahanol i'n difyrru ni, a bydde lot o wherthin a joio o hyd yn ei chwmni. Dwi'n cofio Mam yn gweud y bydde hi'n amal yn ca'l trafferth i ga'l ni ddod 'nôl gatre ar ôl bod draw yng Ngrug-y-Mynydd 'da Sylvia am y dydd. Gwaetha'r modd, dyw Sylvia ddim 'da ni rhagor, ond ma'r atgofion yn dal mor felys ag erio'd.

I ffarmwr, dyw peidio â byw ar y ffarm wir ddim yn ddelfrydol. Ac yn haf 1997, a finne'n flwydd a hanner, nethon ni symud i'n tŷ newydd yn Hafod-y-pwll. Wedd y tŷ newydd yn dipyn o newidieth i'r byngalo yn Hermon – stafell wely yr un i'r tri ohonon ni ac wrth gwrs digonedd o le i whare tu fas.

Yn grwtyn ifanc, wên i'n 'styried 'Nhad fel rhyw fath o *superhero* i fi. Wedd hi'n ymddangos bod e'n galler troi ei law at unrhyw beth. Pan fydde'r tractor wedi torri lawr, y gwartheg 'di diengyd mas o'r ca', y peips yn y parlwr godro wedi rhewi, wel wedd Dad yn sorto'r cyfan; dim crintach, jyst clatsho bant a trial datrys pob problem, un ar ôl y llall. Un o'm hoff bethe i'n fachgen ifanc, wedd mynd mas i seiclo 'da ffrindie a dwi'n cofio sawl gwaith, y bydden i'n cwyno wrth Dad bod tsain y beic wedi dod bant, neu bo pwnsher 'da fi, a chyn pen dim, bydde Dad wedi riparo popeth a bydde'r beic fel newydd! Wrth dyfu'n hŷn, na'th pethe ddim newid rhyw lot fowr; pan es i o feic seiclo i ga'l fy nghar cynta yn ddwy ar bymtheg oed, wel os wedd unrhyw beth isie'i drwsio, bydde 'Nhad yn dod i ben â'r dasg, heb unrhyw ffys o gwbwl. Wedd rhywbeth yn ei gymeriad e wedd ddim yn caniatáu iddo ildio, nes bod y jobyn wedi'i neud. Dwi'n itha siŵr bod y dyfalbarhad a'r penderfyniad sy'n nodweddu ei gymeriad e, yn deillio'n ôl i'r cyfnode anodd gath e fel bachgen ifanc.

Wedd rhieni 'Nhad, Glyn ac Iris, wedi symud i ffermio yn Hafod-y-pwll whap ar ôl iddyn nhw briodi ar Ragfyr 3ydd, 1955. Ffarm rhent wedd hi bryd hynny, gyda'r stoc yn cynnwys gwartheg godro, gwartheg bîff, moch, ieir, cŵn, cathod ac un ceffyl! Rhwng Medi 1956 a Mehefin 1964, ganwyd chwech o blant i Glyn ac Iris Phillips a 'Nhad wedd y babi rhif 4. Dou grwt a phedair croten – llond tŷ o sŵn a llond tŷ o brysurdeb. Wedd 'y nhad-cu, Glyn, yn ogystal â ffermio Hafod, yn mynd mas i gontracto hefyd. Yn y cyfnod hwnnw, yn y 60au a'r 70au, bydde cymdogion yn helpu ei gilydd yn gyson er mwyn ca'l tasge angenrheidiol y ffarm i fwcwl mewn cyn lleied o amser â phosib. Wedd clos y ffarm o hyd yn fishi, peirianne'n mynd a dod, a digon o alw o ran gwaith contracto a bydde fe'n 'neud hynny'n ychwanegol at ddyletswydde'r ffarm.

Ddydd Gwener, 6ed o Fedi, 1974 wedd hi pan gollodd Glyn, tad fy nhad, ei fywyd ac ynte ond yn 41 blwydd oed. Ma 'Nhad, a wedd yn grwtyn 13 blwydd oed ar y pryd, yn cofio mynd i Ysgol y Preseli fel arfer y dwrnod hwnnw. Mewn gwers Chwaraeon wedd e pan dda'th yr athro ato a gofyn iddo newid o'i git 'nôl i wisgo iwnifform yr ysgol. Dil, Ffynnonwen, sef perchennog y ffarm drws nesa i Hafod, yn ogystal ag Ann chwa'r hyna 'Nhad, wedd wedi dod i mofyn Dad a'i chwiorydd o'r ysgol. Ma cof clir 'da 'Nhad mai ar iard yr ysgol, ble ma Canolfan Hamdden Crymych heddi, na'th Dil barcio'r car. 'Na'th e weud wrth 'Nhad bo damwen wedi digwydd, ond 'nôl gatre yn Hafod gethon nhw wbod beth wedd 'di digwydd yn iawn. Wedd Glyn a David, brawd 'Nhad wedi mynd i lifio coed draw yn Llanboidy ar gais y doctor lleol, Dr Allen. Wrth lifio'r goeden ddwetha, na'th hi gwmpo ar ben Glyn gan ei wasgu'n ddifrifol. Fe fuodd e farw ar y ffordd i'r ysbyty. Yn amlwg, ches i 'mo'r cyfle i adnabod fy nhad-cu, Glyn o gwbwl. Ma 'Nhad wedi ei ddisgrifio fe fel dyn caredig, gweithgar, cryf o gorff, llym ar adege, ond un wedd hefyd yn llawn sbort gyda nhw, y plant.

Yn Eglwys Llanfyrnach y cynhaliwyd angladd fy nhadcu, a'r lle yn llawn dop o bobol yr ardal. Dwrnod anodd tu hwnt wedd hwn i 'Nhad, ac i'r teulu cyfan. Dyma ddechre cyfnod newydd o orfod addasu i'r teulu a byw bywyd heb y penteulu. Yn Chwefror 1975, penderfynwyd gwerthu'r peiriannau contracto mewn arwerthiant yn Hafod – dou dractor Ford 5000 ac un 4000, Fordson Super Major, Jac Codi Baw Ford 4550, peirianne seilej, torrwr cloddie, arad, offer gwasgaru tail ac ati. Yn dair ar ddeg blwydd oed, na'th 'y nhad orfod ysgwyddo tipyn o gyfrifoldebe'r ffarm yn dilyn marwolaeth Glyn. Waeth beth wedd yr amgylchiade, wedd gwaith y ffarm yn dal i alw. A 'Nhad wedd nawr yn codi'n fore i helpu Nana i odro cyn mynd i'r ysgol a wedyn rhuthro gatre i fynd mas i'r beudy erbyn godro'r prynhawn. Wedd David ei frawd yn helpu 'fyd, ond ei brif ddiddordeb e wedd peirianne a dilyn y llwybr hwnnw na'th e wrth fynd yn gontractiwr ymhen blynydde wedyn.

Cyfnod digon anodd wedd y cyfnod hwn i Nana hefyd. Wedd 'Nhad, ei frawd a'i bedair chwa'r yn dal yn byw gatre, a'r gwaith o ofalu am y teulu, yn ogystal â gofalu am y ffarm, yn llenwi bob awr o'r dydd i Nana. Wedd rhyw wytnwch arbennig yn perthyn iddi, nodwedd na'th Dad etifeddu oddi wrthi yn bendant. Bryd hynny, wedd y dechnoleg sy bellach i'w gweld ar ffermydd ym mhob man, ddim ar ga'l er mwyn ysgafnhau'r llwyth gwaith. Hen barlwr godro, pedair buwch ar y tro, wedd yn Hafod a bydde'n rhaid carto'r tshyrns lla'th lan i ben y feidir i'w rhoi ar y stand la'th ar gyfer eu casglu'n ddyddiol. Fydde pethe ddim o hyd yn rhedeg yn esmwyth, wrth reswm. Yn amal, bydde isie amynedd sant i ga'l pethe i ddod i fwcwl, a wedd help llaw cymdogion yn werthfawr iawn ar yr adege hynny. Nethon ni golli Nana ym mis Ionawr 2021 a hithe'n 87 mlwydd oed. Angladd dan amgylchiade Covid wedd angladd Nana. Yn anffodus felly, sefyll tu fas i'r eglwys wedd ein hanes ni, yr wyrion yn ystod y gwasanaeth yn hytrach na cha'l bod tu fewn yn gefen i'n rhieni.

Ma'n anodd 'da fi wir ddychmygu'r golled gath 'Nhad yn dair ar ddeg blwydd oed – na'th Glyn ddim hyd yn oed ei weld yn whare 'run gêm o rygbi, heb sôn am ei weld yn ennill ei gap dros Gymru. A finne bron yn ddeg ar hugen mlwydd oed, dwi'n teimlo'n lwcus iawn bod Dad wedi bod 'da fi trwy'r holl flynydde, fel un sy wedi fy annog, fy nghefnogi a 'nghynghori, ond yn fwy na dim fel ffrind agos. Dwi'n gwbod y galla i ddibynnu arno fe am unrhyw beth... am bopeth a gweud y gwir.

Dwi'n gweld tebygrwydd mowr rhwng 'y mrawd, Dafydd a 'Nhad. Ma Daf yn hynod o weithgar, yn barod i helpu pawb ac yn bwrw mlân 'da'r hyn sy angen ei neud. Ffarmo yw ei ddiléit e. Mae e'n un sy'n joio godro a chneifio, ond ma Daf hefyd yn gwitho i gwmni lleol yn Hendy-gwyn sy'n ffito drwse diwydiannol ar hyd a lled Sir Benfro – bachan digon bishi, rhwng popeth.

Dwi'n lico meddwl erbyn hyn, 'mod inne 'fyd yn ddigon tebyg i'r ddou ohonyn nhw, yn cyflawni tasgau heb gwyno, na bod yn negyddol – ma gyment 'da fi i fod yn ddiolchgar amdano. Dwi'n credu'n gryf bod y fagwreth 'ma plentyn bach yn ca'l ei fagu ynddi, yn galler ca'l dylanwad mowr ar ei ddatblygiad o ran ei gymeriad a'i bersonoliaeth. Fe fues i'n ffodus iawn o ran tystio'n gyson i feddylfryd bositif fy nhad a 'mrawd Dafydd, yr agwedd 'na o ddal ati heb ildio dim, er mwyn ca'l rhywbeth i witho'n iawn. Dwi wir ddim yn meddwl bo Daf yn 'styried gyment wên i'n ei edmygu fe pan wên i'n iau, ac yn dal i'w edmygu fe hyd heddi, a gweud y gwir.

Ma'r feidir sy'n arwen lawr at ein ffarm ni ryw hanner milltir o hyd. Bydde Daf a finne'n amal yn penderfynu rasio lan a lawr y feidir. 'Nes i erio'd ddod i ben â'i ddala fe; wedd e'n bendant yn gynt ac yn ffitach na fi a dwi'n ofni na 'dda i byth i ben â'i ddala fe mwyach! Ond, fe 'nes i lwyddo i neud cystal ag e, os nad yn well, yn y gamp o godi pwyse. Yn ei arddegau, dwi'n cofio Daf yn gweud bod diddordeb 'da fe mewn dechre codi pwyse. Wedd Dad, ar y llaw arall, ddim yn ffan o'r syniad o gwbwl: "Gwaith ffarm sy isie arnoch chi," bydde 'i sylw fe bob tro.

Iddo fe, wedd mynd i'r stafell codi pwyse ddim yn rhywbeth fydde fe byth wedi 'styried ei neud yn ystod ei yrfa yn whare rygbi. Yn amal iawn, bydde fe'n adrodd storïe am ei gyd-chwarewyr yng Nghastell-nedd, sef Brian Williams a John Davies, y ffermwyr o Sir Benfro – 'Triawd y Buarth' a wedd yr un ohonyn nhw wedi camu miwn i stafell codi pwyse erio'd, ond eto i gyd, yn dal i fod y chwaraewyr cryfa a mwya ffit ar y ca' ac yn maeddu pawb yn y sesiynau ymarfer ar y Gnoll! Ma rhywbeth i weud am hynny hefyd – y cryfder naturiol 'na, y cryfder corfforol 'na sy'n ca'l ei feithrin drwy witho ar ffarm ac sy bron yn amhosib ei ailadrodd yn y stafell codi pwyse.

Ta beth, yn y diwedd, fe 'nes i a Daf lwyddo i berswadio 'Nhad y bydde fe'n beth da i ni ga'l offer codi pwyse mas yn y sied wair, er mwyn cryfhau ein cyrff ar gyfer whare rygbi. Wedd hi'n weddol amlwg mai i'r cyfeiriad 'na wedd rygbi'n mynd ta beth; wedd chwaraewyr yn mynd yn fwy o faint bob blwyddyn ac am fod Mam yn cwmpo miwn i'r categori *petite* (llai na 5 troedfedd heb sodle!), wel yn anffodus, wedd taldra ddim o'n plaid ni o gwbwl! 'Nes i a Daf hala orie yn y sied yn codi pwyse; unrhyw beth wedd y brawd mowr yn 'i neud, wên i'n ei gopïo, fel ail gysgod, ond yn fwy na hynny wên i'n itha penderfynol o isie 'neud yn well na fe! Wedd yr ochr gystadleuol 'na yn rhan ohona i o oedran ifanc iawn, weden i. Wedd Daf flwyddyn a hanner yn hŷn na fi ac yn naturiol felly, yn gryfach ac yn fwy o faint na fi. Wên i'n cwrso pob dim wedd Daf yn 'i neud. Fe fydden i mas yn y sied 'na rownd a bowt yn ymarfer codi mwy a mwy o bwyse er mwyn galler cystadlu 'da fe. Wên i wir 'di cwmpo mewn cariad gyda'r broses o godi pwyse. Dwi'n dal yn profi'r un boddhad o fynd i'r stafell codi pwyse hyd heddi, ac yn mynd yno yn ddyddiol, mwy neu lai.

* * *

Yn saith mlwydd oed, dwi'n cofio Dad yn gofyn i fi wrth ddreifio lan feidir y ffarm yn y Daihatsu coch (wedd byth yn torri lawr gyda llaw), ac i gyfeiliant CD Rod Stewart yn canu 'Do Ya Think I'm Sexy', wedd Dad yn ffan mowr o'r boi Rod 'ma, dwi'n cofio fe'n gofyn,

"Ti'n ffansïo mynd i whare rygbi gyda Crymych? Ma nhw'n ymarfer bob nos Iau."

A 'na shwt ddechreuodd y cyfan. 'Nes i wir ddim edrych 'nôl o gwbwl; wên i'n egseited bost bob nos Iau, ffeilu aros i ga'l dysgu mwy am y gêm rygbi 'ma. Dwi ddim yn credu bo Mam cweit mor frwdfrydig â finne, cofiwch. Wedd Mam a Mam-gu Crymych wedi hen benderfynu mai chwaraewr snwcer wên i'n mynd i fod. Wên nhw'n galler 'ngweld i mewn tux bach neis yn potio peli, yn hytrach na stwffo 'y mhen i miwn i ganol rheng flân y sgrym!

Ond, a bod yn onest, un bwriad yn unig wedd 'da fi – a dilyn llwybr 'Nhad wedd hwnnw.

Gath 'Nhad yrfa rygbi lwyddiannus iawn. Fe fuodd e'n gapten ar Gastell-nedd yn ystod cyfnod mwya llewyrchus y clwb a fe deimlodd e bod hynny'n dipyn o fraint, sdim dwywaith am hynny. Na'th Castell-nedd dorri pob record byd yn ystod tymor 1988/89, recordie sy'n dal yn sefyll hyd heddi a gweud y gwir, sef y pwyntie uchaf i unrhyw glwb eu sgorio mewn un tymor – 1,917 o bwyntie gan gynnwys 345 o geisiade mewn 50 gêm, a hynny yn y cyfnod pan wedd ceisiade ddim ond yn werth pedwar pwynt yn unig! Enillon nhw y Cwpan Schweppes dan gapteniaeth Dad fwy nag unweth hefyd – achlysuron arbennig iawn wedd rheiny a'r môr o ddu a gwyn ym mhob man yn olygfa i'w thrysori. Da'th dyddie rygbi 'Nhad i ben ar y Gnoll yn 1994 ac ynte erbyn hynny, wedi whare dros 200 o gemau yn y crys du. Rhwng 1987 ac 1992, enillodd e ugen cap dros Gymru a cha'l yr anrhydedd o fod yn gapten hefyd ar y daith mas i Namibia yn 1990. Yn ogystal â hynny, wedd e'n rhan o'r garfan na'th gipio'r drydedd wobr yng nghystadleuaeth Cwpan y Byd yn 1987 a dyna'r safle ucha i Gymru yn y gystadleuaeth honno hyd heddi. Ond er hyn i gyd, fel crwtyn ifanc, mae'n wir gweud, na wên i wedi gwerthfawrogi'n llawn yr holl lwyddiant wedd Dad wedi ca'l ar y ca' rygbi. I fi, Dad wedd Dad... wedd e'n ffarmwr, yn ddyn teulu, yn un wedd yn galler troi ei law at unrhyw beth ac yn barod bob amser i helpu cymdogion a ffrindie ac ar ben hyn i gyd, wedd e jyst yn digwydd bod yn rhywun wedd 'di whare bach o rygbi hefyd! A 'na fe, Dad wedd Dad!

Ma'r foment 'nes i sylweddoli bod rhywfaint mwy i'w lwyddiant e na beth wên i wir wedi 'i 'styried, yn dal yn fyw iawn yn 'y nghof i. Wên ni 'di mynd fel teulu, Mam, Dad, Elen, Daf a finne i Gastell-nedd i wylio gêm ddarbi rhwng Castell-nedd a Llanelli, yr hen elynion. Dwi'n cofio cerdded miwn i'r Gnoll law yn llaw 'da 'Nhad. Wedd y lle dan ei sang, yn llawn dop. Yn sydyn, dechreuodd pawb yn yr eisteddle godi ar 'u tra'd a dechre clapio. Wedd dim syniad 'da fi beth wedd yn digwydd. Fe 'nes i droi rownd i edrych ar y ca' gan feddwl bod y chwaraewyr wedi rhedeg mas yn barod i ddechre'r gêm. Ond na, wedd y ca' yn wag. Edryches i lan at Dad, a wedyn ar y dorf a dyna ble wedd pawb yn cymeradwyo ac yn gweiddi,

"*Welcome home, Kev!*"

Wedd e'n dipyn o beth i grwtyn ifanc i weld y fath groeso ac mae e'n bendant yn achlysur wna i byth ei anghofio; cannoedd o bobol ar eu tra'd a hynny o achos Dad. Yn dilyn y gêm, ethon ni miwn i'r clwb a fan hynny ar y walydd ym mhob man wedd llunie ohono fe yn ystod ei ddyddie whare. Wedd e'n amlwg yn arwr, nid dim ond i fi, ond i sawl un arall 'fyd!

Yn fois ifanc, bydde Daf a finne mas yn whare rygbi yn ddiddiwedd; yn yr haul, yn y glaw a hyd yn oed pan fydde hi wedi dechre tywyllu, wedd dim ots beth wedd yr amode. Wên i mwy neu lai mas yn whare ar y borfa tu fas y tŷ bob nos; finne'n meddwl mai Shane Williams wên i yn trial gwibio rownd Daf, a fe'n meddwl mai Martyn Williams wedd e yn fy nhowlu i'r llawr a rhwygo'r bêl mas o 'ngafel i. Yn amal iawn, yn dilyn dwrnod bishi ar y ffarm, bydde 'Nhad yn gorffen godro a dod draw aton ni yn ei welis gwyrdd, yn drewi o ddom da, i ymuno 'da Daf a finne yn y whare ac i drial dysgu un neu ddou dric i ni, tra bo Mam yn edrych mas trwy ffenest y gegin yn gofidio pa un ohonon ni fydde'r cynta i ga'l dolur!

Na'th Elen, fy chwa'r, ddilyn llwybr Mam o ran ei gyrfa, a mynd i fyd addysg. Ers sawl blwyddyn bellach, mae hi'n Bennaeth Cynorthwyol yn Ysgol Caer Elen, Hwlffordd yn ogystal â bod yn fam i dri o blant bach, Anni Llwyd, Deio Glyn a Iago Moi. Mae'n berson gofalgar, trefnus a phenderfynol. Ma hithe, fel Daf a 'Nhad cyn hynny, wedi cynrychioli Cymru yn y gamp o dynnu rhaff. Tynnu 'da Merched Hermon fydde Elen yn neud, a Daf gyda thîm bois Llanboidy. A wedyn bydde'r ddou yn dod at ei gilydd i fod yn rhan o'r un tîm ar gyfer cystadleuaeth y tîm cymysg. Dad fydde'n hyfforddi'r tîm hwnnw ac maen nhw 'di ca'l cryn dipyn o lwyddiant ar hyd y blynydde.

Yn stafell codi pwyse'r Gweilch yn derbyn triniaeth cyn mynd mas i ymarfer wên i un bore pan ges i alwad ffôn oddi wrth Elen. 'Nes i ddim ateb yr alwad y tro cynta – ond fe ganodd y ffôn am yr ail dro a dwi'n cofio troi at Gav, y ffisio, a gweud bod hi'n well i fi ateb yr alwad achos 'mod i'n meddwl bo rhywbeth yn bod. Ond diolch byth, wedd dim byd o'i le; hollol i'r gwrthwyneb a gweud y gwir. Galwad ffôn wedd hon i weud 'mod i'n mynd i fod yn wncwl am y tro cynta. Ac fe dda'th Anni Llwyd i'r byd ar Orffennaf 14eg, 2020, gydag Elen yn ca'l ei dymuniad i ga'l geni gatre. 'Babi cyfnod clo' wedd Anni fach. Wedd amgylchiadau geni Deio dipyn yn wahanol i sefyllfa Anni. Er mai gatre yn y tŷ, fel Anni, y cafodd Deio ei eni, ar 8fed o Ragfyr, 2021, dim ond tri dwrnod yn unig ar ôl fy namwen i wedd hynny. Wedd Deio ddim fod dod i'r byd tan ar ôl y Nadolig, ond mae'n siŵr 'da fi bod y ddamwen ges i wedi achosi cryn ofid i Elen a bod Deio, o ganlyniad, wedi cyrradd y byd 'ma yn gynt na'r dishgwyl. O edrych 'nôl, fe fuodd wthnos gynta mis Rhagfyr 2021 yn wthnos emosiynol tu hwnt i ni fel teulu; ac fe na'th Elen arddangos ryw gryfder meddwl wrth ddelio gyda'r cyfan. Yr un cryfder meddwl ddangosodd hi wrth dderbyn yr alwad ffôn ddwrnod y ddamwen. Bryd hynny, a'th Elen ddim i banic na dim, er bod y newyddion yn ddigon naturiol, wedi rhoi tipyn o shiglad iddi. Ar y pryd, y peth pwysica wedd bod Mam a 'Nhad yn dechre'r daith i'r ysbyty. Fe gadwodd Elen weddill manylion y ddamwen iddi hi ei hunan; wedd ei chonsýrn hi am eu teimlade a'u gofidie nhw yn amlwg, a dwi'n ei hedmygu hi'n fowr am hynny.

Ers y ddamwen, dwi 'di derbyn sawl sylw cadarnhaol yn fy nghanmol am shwt 'nes i ddelio â'r sefyllfa ofnadw o golli co's; ma pobl wedi synnu 'mod i wedi llwyddo i fod mor bositif. Ond, a bod yn blwmp ac yn blaen, dwi'n galler gweud gyda sicrwydd, y bydde Elen a Dafydd 'di delio 'da'r sefyllfa yn gwmws yr un peth. Ac ma'r diolch am hynny, yn fy marn i, i'r fagwreth gethon ni'n tri ein magu ynddi. Ma gweithredu, yn lle crintachu, yn galler datrys llawer mwy o brobleme a dyw hi ddim yn costio dim i fod yn ddiolchgar, yn barchus ac yn garedig. Gath y tri ohonon ni, fel nifer o'n cyfoedion ni, y fagwreth ore posib ar gyfer dysgu gwersi bywyd gwerthfawr.

Ma sawl un wedi gofyn i fi o ble da'th y diddordeb mewn

beicie modur. Wedd y syniad o ga'l beic modur wedi apelio ata i erio'd. Lawr ar y ffarm yn Hafod, wedd lot o beirianne gwahanol o bob maint 'da ni; dou dractor, cwad, *skidsteer*, treilyr ac ati. Dwi'n cofio'n iawn syllu arnyn nhw yn grwtyn ifanc a gweld pob dim yn ddiddorol. Bob haf, bydde Daf a finne'n dwlu ishte ar y wal tu fas y tŷ yn gwylio Dad, Wncwl Dillwyn a'r criw i gyd yn mynd lan a lawr y feidir yn eu tractors yn carto seilej. Yn ogystal â gwylio'r holl brysurdeb, bydden ni'n manteisio ar y cyfle i neidio miwn i'r tractor at 'Nhad, i ga'l bod 'da fe yn y cab a cha'l teimlo, ryw ffordd, ein bod ni'n helpu'r dynion mowr. Cofiwch chi, yn amlach na pheidio, wên i 'di cwmpo i gysgu'n weddol fach o glou – rhwng shiglo cyson y tractor a gwres llethol y cab, wên i'n ca'l gwaith cadw'n llyged ar agor!

Yn fachgen ifanc, fydden i'n joio mynd mas i grwydro'r ffarm bob hyn a hyn. Wedd dim dal beth fydden i'n ffindo'n cwato yn yr hen siedie; hen gryse Castell-nedd ac Aberteifi, hen focsys yn cynnwys llunie ac adroddiade papur newydd o gyfnod 'Nhad yn whare rygbi, darne o ryw hen beirianne wedi torri a phob math o bethe erill. Ond un tro, yng nghornel un o'r siedie, a hwnnw'n ddwst i gyd, des i ar draws hen foto-beic 'Nhad – Honda 250. Ar y beic 'ma bydde 'Nhad yn trafeili i Aberteifi bob dydd Sadwrn i whare rygbi gyda'r tîm ieuenctid, hynny yw nes iddo gyrradd ei ben-blwydd yn ddwy ar bymtheg oed a llwyddo i brynu ei gar cynta. Yn rhyfedd iawn, wedd y beic hwn o ran ei olwg yn debyg iawn i'r un brynes i flynydde'n ddiweddarach, y Triumph Scrambler. Wedd e'n bendant wedi dala'n llygad i ac er na wedd unrhyw obeth o gwbwl i danio'r beic, wên i'n ca'l fy nenu'n ôl ato fe, dro ar ôl tro. Wrth edrych rywbryd trwy albwm o hen lunie'r teulu, dwi'n cofio gweld llun o 'Nhad yn grwtyn ifanc, a'i wallt yn hir, yn pwyso ar y beic 'ma, yr Honda 250. Tybed wir, a wedd y llun 'ma ryw ffordd, yn yr isymwybod falle, wedi llwyddo i greu argraff arna i o oedran ifanc iawn ac mai dyma wedd wrth wraidd fy hoffter o foto-beics? Pwy a ŵyr?

Dwi'n credu'n gryf bod y dylanwade a'r fagwreth a gethon ni fel plant a phobol ifanc yn whare rhan enfawr wrth siapo pa fath o bobol fyddwn ni fel oedolion. Ma profi methiant yn ein bywyde o bryd i'w gilydd yn rhywbeth sy'n hollol naturiol; ac mae'n bwysig manteisio ar y cyfle i ddysgu oddi wrth ein camgymeriade. Fel pawb arall, siŵr o fod, dwi wedi ffeilu mewn sawl peth ar hyd y blynydde. Ond, dwi wedi profi llwyddiant yn ogystal, a chredwch chi neu beidio, dwi hefyd wedi derbyn canmoliaeth am sawl peth yn y gorffennol – ambell i draethawd ysgol, ambell i gêm gofiadwy ar y ca' rygbi, delio gydag adfyd mewn modd positif. Ond, i fi, sdim byd yn fy llenwi â mwy o falchder na chlywed rhywun yn gweud...

"Ifan, ti 'run boerad â dy dad!"

Pa well canmoliaeth na cha'l fy nghymharu â *Superhero*?

"... ma dangos disgyblaeth a dyfalbarhad, a dilyn y broses gywir yn golygu bod modd herio bob dim mewn bywyd"

Y Broses

MA POBOL YN amal yn cyfeirio at fywyd fel 'taith', un sy'n galler bod yn anodd ar adege ond hefyd, un sy'n galler cynnig profiade gwerthfawr, bythgofiadwy i ni. I fi, yn ystod y blynydde dwetha 'ma, dwi hefyd wedi dod i sylweddoli bod bywyd yn gyfres o brosesau amrywiol, a'r rheiny'n whare rhan mor hanfodol yn fy modolaeth i o ddydd i ddydd; rhyw weithrediade bach cyson sy'n fy helpu i ymdopi â fy mywyd newydd.

Fel arfer, dwi ddim yn un sy'n tueddu i ddangos fy emosiyne'n ormodol, ond ers y ddamwen, ma rhai adege wedi bod pan ma 'nheimlade i wedi ca'l y gore arna i. Y tro cynta i hynny ddigwydd wedd pan weles i Mam a Dad dwrnod y ddamwen, ar ôl dod mas o'r theatr, a finne'n gorwedd yn y gwely, gydag effaith colli 'y ngho's yn ara bach yn troi'n realiti... ac fe gerddodd Mam a Dad trwy'r dryse. Da'th y dagre'n syth. Ond, nid llefen o achos fy sefyllfa i wên i, nac ychwaith oherwydd y ffaith bod 'y mreuddwyd yn y byd rygbi ar ben. Wedd y dagre'n dod am 'mod i'n galler gweld y boen a'r gofid ar wynebe Mam a Dad. Wên i'n teimlo i'r byw drostyn nhw y foment honno. Bydde Mam yn arfer gweud yn amal mai diogelwch, hapusrwydd ac iechyd ni'r plant wedd y pethe pwysica mewn bywyd, ac yn ystod y munude hynny wedd pob dim wedi diflannu; wedd ansicrwydd bellach yn yr agwedde hyn o 'mywyd i'n amlwg yn ei phoeni. Sai'n siŵr a fydda i byth yn galler maddau i fi'n hunan am hala'r tecst "Dwi'n sori" at fy rhieni adeg y ddamwen. Wedd y sgyrsie anodd gethon nhw gyda'r heddlu a'r llawfeddygon y dwrnod hwnnw yn sgyrsie na fydde unrhyw riant yn dymuno bod yn rhan ohonyn nhw.

Buodd cyfnod Covid yn yr ysbyty yn gyfnod hynod o unig i fi. Wedd y doctoriaid a'r nyrsys yn wych, ond wedd cyfrifoldeb a phwyse enfawr arnyn nhw i gyflawni eu swyddi a sicrhau diogelwch pawb yn ystod y cyfnod hwn; felly wedd y cyfle i ga'l sgwrs wyneb yn wyneb yn brin iawn. Wedd rheolau i'w dilyn, nid yn unig yn yr ysbyty, ond ar draws y wlad i gyd; a'r pellter anorfod rhyngdda i a'r teulu yn ystod y cyfnod hwnnw, pan wedd angen eu cefnogaeth nhw arna i fwya, yn dwysau'r unigrwydd i fi. Gan ddilyn prosesau'r heddlu, fe na'th yr heddwas fynd â'n ffôn symudol i'n syth ar ôl y ddamwen, felly wedd fy mhwynt cyswllt â gatre wedi diflannu. Whare teg, na'th Daf ddeall yn weddol glou pa mor bwysig wedd hi 'mod i'n ca'l cyswllt â'r byd tu fas – neud galwade ffôn, ca'l facetime a gwylio ffilmie, a hyd yn oed er mwyn gwrando ar rywfaint o gerddoriaeth canu gwlad; a dyna'n union 'nes i am gyfnode hir yn yr ysbyty yn Nhreforys.

Yn ogystal â hyn, o achos fy anwybodaeth lwyr am y broses o beth wedd yn fy wynebu yn ystod yr wthnose a'r misoedd i ddod, 'nes i dreulio dipyn o'm hamser yn ymchwilio i hanes y coese prosthetig – youtube wedd y brif ffynhonnell gwybodaeth. Hales i orie ar ipad Dafydd yn cdrych ar bob dim prosthetig. Na'th rhai fideos lwyddo i godi 'nghalon i, wrth i fi weld unigolion yn neud pob math o bethe ar eu coese prosthetig fel rhedeg, sgio, seiclo a byw bywyde digon normal. Ond, yn anffodus, prin iawn wedd y fideos fydde'n canolbwyntio ac yn esbonio'r broses o shwt i gyrradd y pwynt 'na o allu eu defnyddio mor hawdd. A gweud y gwir, fe ddes i ar draws sawl peth na'th wir gynyddu fy mhryderon wrth weld yr ochr arall o fod yn *amputee*: y *Phantom Pain*, yr anawsterau o ddechre cerdded am y tro cynta, pa mor anodd yw hi i ga'l gafel ar y coese prosthetig

163

gore, yr apwyntiadau di-ben-draw, mynd 'nôl a mlân i'r ysbyty, y feddyginiaeth, y llawdriniaeth... Wedd gyment o bethe y gallen i fod yn colli cwsg drostyn nhw a gweud y gwir. Yn ychwanegol at hynny, wedd rhai unigolion yn gadarn eu barn yn erbyn defnyddio'r coese ffug 'ma ac yn dewis yr opsiwn o ddibynnu ar gader olwyn neu ffyn bagle am weddill eu hoes. Wedd yr holl wybodaeth hyn yn fy llenwi ag ofon, a'r syniad o golli fy annibyniaeth yn neud i fi deimlo'n gorfforol sâl. Nid yn unig 'mod i'n gofidio am shwt bydden i'n bersonol yn ymdopi 'da hyn i gyd, ond wên i hefyd yn poeni shwt fydde fy rhieni a'r teulu agosa ata i'n delio gyda'r straen a'r pwyse.

Mae'n itha rhwydd, yn ystod cyfnode fel hyn, i adel i'ch meddwl fynd i fannau digon tywyll, a hyd yn oed dechre ystyried beth yw pwrpas y dyfodol a pwrpas byw. Bydden i'n lico galler gweud 'mod i 'di llwyddo i aros yn bositif trwy'r broses i gyd, ond celwydd fydde hynny. Fe wna i gyfadde, am gyfnod, i fi fod mewn lle digon unig a diflas; wên i wir ddim yn siŵr a wedd 'da fi'r cryfder meddwl i frwydro yn erbyn hyn i gyd. Y cyfan wên i'n ei weld wedd anobaith fy sefyllfa, a bod 'y mywyd i ar chwâl.

Rhyw bedwar dwrnod ar ôl y ddamwen, na'th difrifoldeb 'y nghyflwr i 'y nharo i. Yn yr ysbyty, er mwyn treulio peth amser gyda 'nheulu a'm ffrindie, wedd rhaid i fi fynd yn 'y nghader olwyn i gwrdd â nhw tu fas i'r ward, a hynny oherwydd cyfyngiade Covid. Sdim dwywaith i fi ga'l un o brofiade gwaetha 'mywyd wrth gymryd y lifft lawr i'r llawr gwaelod am y tro cynta. Wrth i ddryse'r lifft agor, beth wedd yn fy wynebu, yn syth o 'mlân i ond drych enfawr a dyna'r foment weles i fy adlewyrchiad llawn am y tro cynta wedi'r ddamwen. Wedd e'n dipyn o shiglad, yn dipyn o sioc; wên i'n ffeilu credu mai fi wedd yn syllu'n ôl arna i yn y drych. Wedd e fel gweld 'y ngwyneb i ar gorff person arall, person ag un go's. Er bod un neu ddou o lunie 'di ymddangos ar y cyfrynge cymdeithasol o finne yn gorwedd yn y gwely, wedd hynny'n ddim byd i'w gymharu â gweld fy adlewyrchiad fel hyn. Wrth syllu yn y drych, fe dda'th y dagre. Wedd y cyfan yn ormod i fi, y gader olwyn, y go's fach bwt yn lle'r go's gyhyrog athletig; y darlun o anobaith, y darlun o anabledd. Wedd y cyfan mor anodd.

O edrych 'nôl, dwi'n credu 'mod i wedi trial gwadu'r holl beth yn ystod y dwrnode cynta, tan y foment honno, gan feddwl y bydde pethe'n gwitho mas yn oréit, rhyw ffordd. Ond, wedd rhaid i fi dderbyn bo hyn dipyn yn wahanol i ga'l anaf ar y ca', pan ma dyn yn treulio misoedd yn gwella ac yn adfer ei gorff, cyn mynd 'nôl i whare. Wedd yr anaf hwn tu hwnt i anaf y ca' rygbi; wedd dim modd gwella'n llwyr y tro 'ma. Er bod pawb o 'nghwmpas i'n galler gweld effeithiau corfforol y ddamwen ac yn hynod gefnogol i fi, 'nes i ddim yn wir siarad yn agored 'da neb am shwt wên i'n mynd i ddelio ag adlewyrchiad y ddelwedd newydd ohona i yn y drych. A'r gwir yw, tu ôl i'r wên, tu ôl i'r masg, wên i jyst ddim yn delio 'da fe'n dda o gwbwl. Y realiti wedd bod yr hen Ifan a fuodd yn y gorffennol, wedi diflannu ac yn sgîl hynny, wên i'n teimlo bod fy hunaniaeth wedi diflannu hefyd ac ma bod yn sownd wrth gader olwyn fydde'n hanes i mwyach. Wên i'n casáu shwt wên i'n edrych. Wên i ddim yn hyderus nac yn hapus yn 'y nghro'n o gwbwl.

Es i o un pegwn eithafol i'r llall, o fod yn berson llawn hiwmor a hwyl i fod yn un wedd yn moyn cwato gatre yn y tŷ; o fod yn berson gwisgo shorts trwy'r amser i fod yn un fydde'n gwisgo trowsus hir bob dydd, er mwyn trial cwato fy anabledd. Es i o fod yn unigolyn cymdeithasol i un fydde'n dewis ynysu yn hunan oddi wrth eraill. Pan fydden i'n mentro mas o'r tŷ, wedd pobol yn dueddol o edrych arna i, neu bwyntio bys at stwmp y go's, a wedd hynny'n tanseilio'r ychydig hyder wedd 'da fi hyd yn oed yn fwy. Fe fydden i'n neud defnydd o'r gader olwyn fel yr opsiwn ola'n deg, pan wedd dim byd arall yn gwitho. Y gwir yw, wedd ishte yn y gader olwyn yn fy atgoffa i o'r teimlade ofnadw 'na ges i o weld fy adlewyrchiad am y tro cynta yn y lifft yn yr ysbyty; y teimlad o fod mor hunan ymwybodol o'n niffygion i, o'n methiannau i. A dyna beth na'th arwen at y teimlade negyddol o beidio isie gadel y tŷ.

Yr opsiwn hawsa wedd hunanynysu wrth gwrs, a dyna'r opsiwn 'nes i ddewis dro ar ôl tro, er, ym mêr fy esgyrn, wên i'n gwbod mai dyna'r dewis anghywir. Fe ddes i sylweddoli, mewn amser, bod hyn yn rhywbeth wedd rhaid i fi ei wynebu, neu bydde'r canlyniadau dros yr hirdymor yn negyddol iawn. Proses feddyliol wedd hon, yn fwy na dim. Hyd heddi, dwi'n dal i weld hi'n anodd iawn edrych ar fy adlewyrchiad yn y drych, heb y go's brosthetig; ma gweld stwmp y go's yn hongian 'na yn ddiwerth, a diymadferth yn corddi digalondid llwyr yndda i. Dwi'n gorfod gwitho ar hynny'n ddyddiol. A dwi'n meddwl, yn ara bach, yn raddol, bo pethe'n gwella. Prin iawn yw'r adege y bydda i'n neud defnydd o'r ffyn bagle mwyach ac ma'r gader olwyn yn dala dwst yn y cwtsh dan stâr. Ma nhw 'da fi rhag ofon bydd eu hangen nhw arna i, rhag ofon eith rhywbeth o'i le ar y go's brosthetig, rywbryd. Er mai anaf corfforol yw'r hyn ma pobol yn ei gysylltu'n bennaf â'r ddamwen ges i, ma llwyddo i dderbyn yn feddyliol y ddelwedd ohona i heb go's yn rhywbeth sy angen ymdrech ddiddiwedd ar fy rhan i'n ddyddiol.

Erbyn hyn, dwi'n ddigon hyderus yn gwisgo'r go's brosthetig mewn unrhyw sefyllfa. Yn hollol i'r gwrthwyneb i fel wedd pethe ar ddechre fy siwrne, dwi bellach yn mwynhau dangos y go's, yn mwynhau ca'l sgwrs am y dechnoleg anhygoel 'ma sy'n rhan annatod o bwy wdw i nawr, a dwi'n edrych mlân at bob her sy'n fy wynebu.

Fel *amputee* ma tipyn mwy o waith i'r busnes cerdded 'ma, na beth ma dyn yn 'i feddwl; dyw e'n bendant ddim mor syml â rhoi'r go's mlân a bant â'r cart! Ma'r broses, er mwyn galler defnyddio'r go's yn effeithiol, yn broses hir; dyw technoleg y go's yn werth dim heb ymdrech gyson y defnyddiwr. Er mwyn profi llwyddiant mewn unrhyw beth, ma rhaid ymarfer yn gyson a dyw defnyddio co's brosthetig ddim yn wahanol yn hynny o beth. Ma proses i'w dilyn, er mwyn anelu cerdded mor rhwydd â phosib. A dwi'n gwbod bo hyn yn swnio braidd yn rhyfedd, ond ma'n rhaid i fi ymarfer y sgil o gerdded yn gyson. Ody, ma'r dechnoleg yn wych, ond dyw'r go's ddim yn cerdded ar ei phen ei hunan!

Dwi wedi bod yn aelod o'r gym lleol, Evolution yn Cross Hands, ers sawl blwyddyn erbyn hyn. 'Nes i ymaelodi 'na pan symudes i i fyw i'r ardal 'nôl yn 2019. Mae'r adeilad yn un sylweddol o ran maint, yn cynnwys stafell bwyse, ardal cardio, ardal Crossfit, a stiwdio fawr a llydan, lan llofft. Pan wên i'n whare, wedd y stiwdio lan llofft ddim yn ardal wên i'n neud unrhyw ddefnydd ohoni a gweud y gwir, am fod yr offer wedd ei angen arna i i gyd ar y llawr cynta; felly, wedd dim rheswm 'da fi grwydro lan llofft o gwbwl, ond fe na'th y ddamwen newid hynny. Ma'r stiwdio sy ar yr ail lawr yn stafell fowr, agored ac ar hyd y walydd ym mhob man ma 'na ddryche hir. Dyma'r lle delfrydol felly, i fi drial perffeithio'r dechneg o gerdded mor llyfn â phosib wrth wisgo'r go's brosthetig.

Yn y dyddie cynnar, ar ôl derbyn y go's, wên i ddim yn cerdded yn rhwydd o gwbwl, wên i'n hercian ac yn cloffi'n sylweddol, ffeilu'n deg â cherdded yn sgwâr, a hyd yn oed yn cwmpo, ar 'yn hyd, bob nawr ac yn y man. Yn dilyn apwyntiadau di-ri yn Llundain gyda'r ffisio, y newyddion torcalonnus ges i wedd bod unigolion sy 'di colli eu co's uwch ben y ben-glin yn annhebygol iawn o allu dod i gerdded heb herc neu gloffni amlwg. Felly, dyna'r her wedi ei gosod, a finne'n itha penderfynol 'mod i am brofi pwynt i'r arbenigwyr ac anelu trial dod i gerdded heb herc sylweddol. Dyna ddechre ar broses arall yn 'y mywyd i. Y drefen erbyn hyn wedd treulio ryw awr a hanner bob dydd yn y stafell bwyse a wedyn awr ychwanegol lan llofft yn y stiwdio. A 'na lle bydden i, yn ddyddiol, yn cerdded 'nôl a mlân o flân y drych yn trial gwella fy nhechneg o gerdded. Wên i'n itha llym gyda'n hunan o ran fy nisgwyliade – wedd rhaid ca'l y dechneg a phob cam yn hollol gywir, yn berffeth, mwy neu lai. Dwi'n gweld y dasg o ddysgu shwt i gerdded o'r newydd unweth 'to yn debyg iawn i rôl y bachwr yn towlu'r bêl miwn i'r lein, gyda rhai pethe o fewn fy rheolaeth i, ond nid popeth. Pan wedd y bêl yn 'y nwylo i, fy nghyfrifoldeb i wedd cywirdeb y lein. Ond wedi gweud hynny, wedd sawl elfen mas o'n rheolaeth i, achos wedd rhaid i fi ymddiried yn yr alwad, ca'l yr amseriad yn gywir, a dibynnu ar bob un person sy'n rhan o'r lein i gwblhau eu gwaith nhw'n gywir hefyd. Digon tebyg yw'r broses o gerdded 'da cho's brosthetig; ma rhai agweddau yn llwyr o dan fy rheolaeth i, ond ar y llaw arall, ma rhai pethe ble ma'n rhaid i fi groesi 'mysedd ac ymddiried ynddyn nhw; yn bennaf, ymddiried yn y go's ei hun i neud ei gwaith o 'nghynnal i a 'ngalluogi i i fod yn annibynnol ac yn saff.

Yr hyn sy mor allweddol i fi nawr yw canolbwyntio ar beth dwi'n galler ei reoli, gan ddechre trwy sicrhau bod gweddill y corff yn gryf a chadarn fel y gall witho yn effeithiol. Ond, ma gofyn i fi hefyd i roi fy ffydd mewn rhywbeth sy tu hwnt i'n rheolaeth i, sef y go's brosthetig. Wedd dechre'r broses o fynd 'nôl i gerdded, rhyw ddeufis ar ôl y ddamwen, yn anodd tu hwnt, a bod yn onest wedd e'n teimlo'n amhosib. Y tro cynta 'nes i wisgo'r go's brosthetig yn Proactive Prosthetics yn Guildford, wên i'n teimlo'n optimistig, yn bositif ac yn teimlo mor hyderus y gallwn i gerdded unweth 'to. Ond, siom wedd yn 'y nishgwyl i, wên i jyst yn ffeilu ca'l pethe i witho'n iawn o gwbwl. 'Nes i ofyn yr un cwestiwn drosodd a thro, "Chi'n siŵr bod y go's 'ma yn gwitho'n iawn?" Wedd hi'n broses hir y dwrnod hwnnw, jyst i neud rhywbeth mor syml â chymryd 'y ngham cynta ers y ddamwen. Yn y diwedd, geirie Richard, perchennog y clinig, gath yr effaith angenrheidiol arna i:

"You've just got to trust the leg, Ifan... trust the leg!"
Wedd, wedd rhaid i fi ddechre ymddiried yn y go's. Ond
wedd hi'n haws gweud na neud wrth gwrs! Gyda geirie
Richard yn troi a throsi yn 'y mhen i, "cofia ymddiried
yn y go's", fe 'nes i drosglwyddo pwyse 'y nghorff i gyd
i'r go's brosthetig, a dyma hi'n plygu, a finne'n llwyddo
i gymryd 'y ngham cynta. Fy ngofid mwya wedd na
fydde'r go's brosthetig yn galler dala pwyse'r corff yn
llawn, ac y bydden i'n cwmpo'n fflat ar 'y nhrwyn. Y peth
naturiol, wrth gwrs, wedd ymddiried yn llwyr yn yr hyn
wên i'n galler ei reoli, sef 'y ngho's chwith. Ond, fe a'th
Richard mlân i esbonio, mai'r unig ffordd i ga'l y go's
brosthetig i witho, wedd trwy roi pwyse llawn 'y nghorff
ar y go's honno i'w galluogi i blygu. Yn y diwedd, fe 'nes
i sylweddoli mai'r hyn wên i'n ofni ei neud fwya, wedd
yr union beth wedd RHAID i fi neud, er mwyn llwyddo i
gerdded unweth 'to.

Dwi'n cofio'n iawn mai un o hoff gynghorion Mr Michael
Davies, pennaeth Ysgol y Preseli, i ni'r disgyblion wedd...
"Fail to prepare, prepare to fail." Adeg arholiadau ysgol ac
arholiadau allanol, bydde fe'n pwysleisio pwysigrwydd
paratoi'n ddigonol, er mwyn profi llwyddiant yn y pen
draw. Cyngor doeth wrth gwrs, ac yn addas nid yn unig
ar gyfer arholiadau a phrofion ysgol, ond yn wir, ar gyfer
agweddau erill o fywyd yn gyffredinol. Dwi'n gwbod erbyn
hyn, mai trwy ofalu ar ôl fy nghorff i heddi, yn y presennol
y galla i baratoi ore at heriau y dyfodol fel person anabl.
Yn y stafell bwyse, mewn amgylchedd dwi'n galler ei reoli,
dwi'n anelu'n gyson at ddod o hyd i wahanol ffyrdd o
wthio fy hunan, er mwyn neud y broses o gerdded yn fwy
heriol yn y gampfa. Bydda i'n amal yn anelu cario pwyse
trwm wrth fy ochr wrth gerdded, neu hyd yn oed yn dal y
pwyse uwch 'y mhen, neu ar 'y nghefen fel ffordd o wella fy
nhechneg o gerdded yn gywir. Drwy ganolbwyntio'n gyson
ar yr ymarferion heriol hyn yn y stafell bwyse, y gobeth yw

y bydda i'n galler ymdopi'n llwyddiannus â phob sefyllfa newydd a ddaw i'm rhan yn y dyfodol.

Ma herio'r corff yn un peth, ond dwi'n ofni 'mod i 'di gwthio'n hunan yn ormodol, fwy nag unweth, ers derbyn y go's brosthetig. Ma'r cyfuniad o gerdded yn rhy bell ac am gyfnod rhy hir, a hefyd ymarfer ar ddwyster uchel yn gyson, yn y gobeth o orfodi'r corff i addasu i'n sefyllfa newydd i yn gynt, wedi profi'n ormod i 'nghorff i sawl gwaith. Da'th hyn i'r amlwg am y tro cynta rai misoedd ar ôl i fi ddechre defnyddio'r go's. Wên i'n fwy na bodlon ar fy nghynnydd ar y pryd, ac wedi llwyddo i amlhau fy sesiynau ffitrwydd a dwyster yr ymarfer yn weddol ddiffwdan, ond, dyna pryd na'th fy nghorff benderfynu dysgu gwers bwysig iawn i fi. Fy mwriad wedd cyflymu'r broses o wella, ond yn anffodus, nid fel hynny na'th fy nghorff i weld pethe. Fe godes i un bore, a gweld bod stwmp y go's wedi chwyddo, felly wedd dim gobeth 'da fi ddod i ben â gwisgo'r go's brosthetig. Fel ma'n digwydd, wedd gwaith sylwebu 'da fi y prynhawn hwnnw. Gydag amser yn prinhau, a'r angen dechre ar 'yn ffordd i Barc y Scarlets ar gyfer gwaith y prynhawn, wedd angen dod o hyd i ddatrysiad arna i'n weddol glou. Felly, yr unig opsiwn wedd ar ôl 'da fi erbyn hyn, wedd mynd i ishte mewn bath o ddŵr oer, rhewllyd, yn y gobeth y bydde'r corff yn gwella. Wedd hon yn broses wên i mor gyfarwydd â hi wrth gwrs fel chwaraewr rygbi (er yn un wên i'n ei chasáu, a bod yn onest). Diolch byth, ar ôl llai na deng munud yn y bath rhewllyd, na'th y stwmp leihau, a des i ben â'i gwasgu hi miwn i'r go's brosthetig. Dros amser, dyna un peth yn bendant dwi 'di gorfod dysgu yw pa mor bwysig yw hi i wrando ar negeseuon y corff! Ma cadw'n ffit yn agwedd allweddol o 'mywyd i bellach, ond, yr un mor allweddol yw rhoi cyfle i'r corff orffwys ac adfer ei hun hefyd. Fel *amputee*, ma hynny wir yn hanfodol. Yn anffodus, ma pob *amputee* yn gorfod delio â rywfaint o boen yn eu bywydau bob dydd ac ma unigolion tebyg i fi, yn whilio'n gyson am ryw ffordd o ymdopi 'da'r boen honno. Ma pawb yn wahanol. I fi, dyw tabledi ddim yn opsiwn ac felly, ma'r weithred hon o ishte mewn bath rhewllyd, yn sicr wedi bod o fudd i fi ac erbyn hyn, yn rhan o ' mywyd dyddiol i.

Dwi 'di dysgu bod proses i bob dim mewn bywyd, a chan amlaf, y prosesau mwya anodd a heriol sy'n fy ngwobrwyo, drwy roi'r canlyniade gore. Y nod yw dod o hyd i'r broses sy'n gwitho i fi fel unigolyn, ac ma'r gweithredoedd dyddiol, y pethe bach yn galler cyfrannu gyment at sicrhau y canlyniad cywir; ma dangos disgyblaeth a dyfalbarhad, a dilyn y broses gywir yn golygu bod modd herio pob dim mewn bywyd. Trwy'r gweithredoedd dyddiol yma, dwi 'di dysgu cofleidio fy anabledd. Sicrhau cysondeb, meddylfryd penderfynol a'r gallu i witho trwy'r cyfnodau caled tu ôl i ddryse caeëdig, yw'r atebion gore posib am lwyddiant – i fi, beth bynnag!

Dwi'n atgoffa fy hunan yn amal i beidio â thanseilio pwysigrwydd gwneud y pethau bychain, oherwydd y gweithredoedd hyn fydd wir yn siapio fy nyfodol. Heb y prosesau dyddiol sy bellach yn rhan greiddiol o 'mywyd i, dwi'n gwbod yn bendant na fydden i'n llwyddo i fyw fy mywyd fel ag y mae, bywyd normal a bywyd dedwydd. Ma geirie doeth Dewi Sant yn sicr yn berthnasol i 'mywyd inne, mewn mwy nag un ffordd:

"Gwnewch y pethau bychain..."

"Am rai munude gwerthfawr,
wên i'n normal unweth 'to..."

Gorwel Newydd

DYW 'NHAD DDIM yn foi geirie, trwy ei weithredoedd ma fe'n dewis siarad fel arfer. Os wes isie help llaw arna i, ma Dad 'na cyn i fi droi rownd, yn hollol ddiffwdan. Dyw e ddim yn un am fod yn segur o gwbwl. Ond, yn ystod ffilmio cyfweliad ar gyfer fy rhaglen ddogfen *Y Cam Nesaf*, wrth ishte ar y bêls gwair mas yn y sied fowr ar y ffarm gatre, yn trial rheoli'r dagre, fe wedodd Dad,

"Ble bynnag ma Ifan, ma gole."

Wel, na'th y geirie hyn gryn dipyn o argraff arna i, geirie sy wedi aros 'da fi ers dwrnod y ffilmio a gweud y gwir. A ma gyment o bobol erill wedi sôn hefyd am eirie Dad fel rhai emosiynol a theimladwy iawn.

Wthnose'n unig wedd 'di mynd heibio ers y ddamwen pan ges i alwad ffôn yn gofyn a fydden i'n fodlon ystyried bod yn destun rhaglen ddogfen. Wedd y cyfan yn dipyn o sioc a gweud y gwir. Ac os dwi'n hollol onest, wên i ddim ar y pryd yn ddigon cryf yn feddyliol i wbod ai derbyn neu wrthod fydde'r peth gore i'w neud. Os mai derbyn y cynnig fydde 'y mhenderfyniad i, yna fe fydde'r ffilmio'n dechre'n syth wrth gwrs. Wên i'n galler deall hynny, bod angen i'r stori ga'l ei hadrodd cyn gynted â phosib yn dilyn y ddamwen. Ond, y peth yw, yr hyn wên i wir isie ar y pryd wedd ca'l llonydd, yn hytrach na bod yn ganolbwynt sylw'r camerâu. Ta beth, penderfynu mynd amdani 'nes i, gan wbod y bydde'r cyfan yn gofnod o gyfnod trawsnewidiol yn 'y mywyd i ac o bosib, yn rhyw fath o therapi personol i fi yn y pen draw. Fe fydde'r ffilmio hefyd yn rhoi rhyw fath o ffocws i fi, a falle, yn fodd i gynorthwyo'r broses o wella. Wedd y criw teledu'n grêt ac er 'mod i'n diodde tipyn o boen yn ystod ambell sesiwn o ffilmio a'r whant yn fach wrth sôn am ddatblygiade diweddara'r go's brosthetig, dwi'n teimlo mor falch 'mod i 'di penderfynu bwrw ati 'da'r cyfan. Wedd Cwmni Whisper Cymru dan arweiniad Carys Owens a Sion Jones yn gwmni proffesiynol ac effeithiol iawn, yn gefnogol ac yn gartrefol yn eu dull o witho. Eisin ar y gacen, wrth gwrs, wedd ennill gwobr RTS yn y categori Rhaglen Ddogfen Chwaraeon Orau yn Ebrill 2024. Wedd ca'l enwebiad yn dipyn o sioc, ond wedd ennill yn hollol annisgwyl! Noson y Seremoni Wobrwyo, wên i'n digwydd bod mas yn Sbaen yn cefnogi dou ffrind, Tomos Mebs a Gethin Gibby yn cystadlu mewn ras Hyrox ac felly, na'th Carys Owens, Rheolwr Gyfarwyddwr Whisper Cymru, dderbyn y wobr ar fy rhan i. Ma'r clod iddyn nhw am lwyddo i gyflwyno'r stori mewn modd mor sensitif a phroffesiynol.

Yn ystod y broses o ffilmio, ces i gyfle i gwrdd â Llinos Owen, sy'n dod yn wreiddiol o Bwllheli; mae'n gyn-aelod o dîm Paracanŵ Paralympaidd ac wedi cynrychioli tîm y Deyrnas Unedig ym Mhencampwriaeth Ewrop ac yng Nghwpan y Byd. Dyma gyfle gwych i fi ga'l profi camp hollol wahanol. Wên i'n teimlo'n ddigon nyrfys ar y dechre. Er 'mod i wedi treulio tipyn o'n amser ar y dŵr yn y gorffennol, yn nofio, padl-fyrddio a defnyddio'r caiac, wedd y tro hwn yn brofiad hollol wahanol – dyma'r tro cynta i fi fentro miwn gyda dim ond un go's yn unig.

Fe 'nes i fwynhau'r profiad yn fowr iawn, er i fi gwmpo miwn i'r dŵr sawl gwaith i gyd! Gymres i beth amser i gyfarwyddo 'da'r canŵ; y balans wedd y sialens fwya i fi. I nifer fowr o bobol sy'n delio ag anabledd corfforol, ma bod ar y tir yn creu sawl rhwystr, pob cam yn galler bod yn boenus, a'r anallu i symud ar yr un cyflymder ag unigolion erill, abl, yn rhwystredig ofnadw. Un peth na'th fy nharo i tra wên i yn y canŵ wedd y teimlad o ryddid – dim offer prosthetig, dim cader olwyn, dim ffyn bagle, ond yn hytrach, dim ond fi, y padl a'r canŵ. Wên i'n galler symud yn itha clou ar y dŵr, a hynny heb deimlo unrhyw boen o gwbwl. Yn y canŵ, wedd fy anabledd ddim yn bodoli bellach, wên i bron yn galler anghofio bod y ddamwen wedi digwydd o gwbwl. Am rai munude gwerthfawr, wên i'n normal unweth 'to, a wedd hynny'n brofiad mor afreal mewn rhyw ffordd. Na'th yr amser dreulies i 'da Llinos agor fy llyged i weld beth sy'n bosib i unigolion ag anabledd ei gyflawni ar y dŵr ac erbyn hyn, dwi'n berchen ar gaiac 'yn hunan ac yn trial manteisio ar gyfleoedd i fynd mas ynddo o bryd i'w gilydd. Ma gwthio'n ffinie i a wynebu heriau newydd yn rhywbeth dwi'n teimlo sy'n fuddiol iawn i fi'n bersonol.

Yn dilyn y ddamwen, wedd caredigrwydd a chefnogaeth pawb o 'nghwmpas i'n rhywbeth na wna i fyth ei anghofio. Nid yn unig bod y cymunedau agosa ata i wedi mynd ati i godi gyment o arian, ond ges i'n llorio gydag haelioni pobol erill o bob rhan o'r wlad a thu hwnt. Fe gath gyment o wahanol ddigwyddiade eu trefnu, a finne'n teimlo'n itha annigonol o'r holl sylw a gweud y gwir.

Un o'r gweithgareddau gath ei gynnal gatre yng Nghrymych wedd gêm rhwng bechgyn y clwb a bois Castell-nedd. Dydd Sadwrn, Awst 22ain, 2022 wedd dyddiad y gêm a'r camerâu yno'n ffilmio ar gyfer y rhaglen ddogfen, ar ôl i'r tîm cynhyrchu fod lawr yn ffilmio ar ffarm yr Hafod y dwrnod cynt. Wedd yr achlysur yn un cofiadwy iawn i fi, o'r dechre i'r diwedd. Na'th nifer o'r bois hynny fuodd yn whare 'da fi yn y tîm dan 8 flynyddoedd yn gynt gwrdd yng Nghaffi Beca, Efailwen y bore hwnnw er mwyn dechre'r dydd yn iawn drwy ga'l brecwast blasus Robert yn ein bolie. Wedd hi'n deimlad grêt gweld pawb 'to, a'r digwyddiad codi arian yn esgus perffaith am rywfaint o aduniad. Hedfanodd y dwrnod heibio, y gêm, yr ocsiwn, a'r cymdeithasu. Wedd y cyfan wedi ei drefnu mor drylwyr gan bwyllgor y Clwb Rygbi a phopeth 'di mynd fel wats. Yn ystod y dydd, gath 'Nhad gyfle i sgwrsio am yr hen ddyddie gyda nifer o gefnogwyr Castell-nedd, rhywbeth nad yw e byth yn blino 'i neud. Wrth i'r dwrnod ddirwyn i ben, deimles i ryw ryddhad mowr o wbod bod y cyfan 'di bod mor llwyddiannus, ac er mai codi arian wedd y nod, wedd tipyn mwy o werth wedi bod i'r dwrnod i fi'n bersonol na'r elfen ariannol yn unig. Ma 'na gymuned sbesial yng Nghrymych a'r ardal, a dwi mor ddiolchgar i bawb am 'y nghynnal i mewn cyment o ffyrdd yn ystod y blynydde dwetha 'ma.

Fe fuodd mis Hydref 2022 yn fis bishi iawn o ran digwyddiade codi arian. Cynhaliwyd cinio yng ngwesty Plashyfryd, Arberth gyda Eleri Siôn yn arwen y noson yn ei ffordd unigryw hi ei hunan; Rowland Phillips a Wyn Gruffydd wedd y ddou siaradwr gwadd profiadol. Rhaid cyfadde bod 'na ryw deimlad sbesial iawn i'r noson gyda'r lle'n llawn a phawb wedi mwynhau'r achlysur. Wedd y rhoddion ar gyfer yr ocsiwn yn wledd i'r llygad, rhaid gweud. Ma 'niolch i'n fowr i bawb na'th gefnogi'r noson ac i Peter Davies, Wyn (y Banc) Jones a John Cilrhue Davies am y gwaith trefnu, a hefyd i berchnogion Plashyfryd, Dai a Jackie Jones am eu hamynedd gyda'r holl baratoade. Wedd nosweth arall wedi ei threfnu ym Mhlashyfryd whap wedyn, Noson Cyri a Charioci, a chyfle i fi ddod mas â'r gitâr i ganu rhai o'r hen ffefrynne. Dwi ddim fowr o gerddor, ond ma'r gitâr wedi bod yn gysur mowr i fi dros y blynydde dwetha 'ma. Wên i ddim yn berchen ar gitâr nac yn galler whare'r un cord cyn y Cyfnod Clo. Fe ddes i ben â dysgu rywfaint o'r *basics* yn itha clou, ac yn sgîl hynny, ca'l boddhad mowr o basio'r orie'n strymian a hymian i'n hunan.

Noson arbennig arall sy'n aros yn y cof yw'r noson yn Nantyffin, Llandisilio gyda Dafydd Iwan, Clive Edwards,

Sioned Llewelyn ac Angharad James fel artistiaid. Teulu Tudur Lewis wedd wedi trefnu'r cyngerdd, er cof am Undeg, gwraig Tudur a mam i Rhodri, Gwyndaf a Nia. Fe gollwyd Undeg i Covid yn ofnadw o sydyn yn Ebrill 2020. Buodd Tudur yn barod iawn ei gymwynas whap ar ôl 'y namwen i, yn codi ramp tu fas y tŷ i fi, er mwyn galler defnyddio'r gader olwyn yn y dyddie cynnar yn dilyn colli 'ngho's. Wedd 'i sgilie fe fel saer yn werthfawr iawn i fi, a'i bersonoliaeth annwyl, emosiynol yn dod i'r amlwg wrth iddo wrando, yn ei ddagre, ar hanes y ddamwen. Halen y ddaear! A do, yn wir, fe ges i ganu gyda Dafydd Iwan ar y noson. Tipyn o fraint, Dafydd Iwan a finne'n rhannu'r un llwyfan! Fi'n ca'l canu cytgan 'Pam bod eira'n wyn?' ar 'y mhen 'yn hunan i gyfeiliant y ledjend ar y gitâr. Noson i'w chofio i fi yn bendant, ac yn amlwg i Tudur a'r teulu hefyd.

Fe fuodd sawl ysgol, cymdeithas, capel a chlwb rygbi ar hyd a lled y wlad yn garedig hefyd wrth drefnu raffl, neu ocsiwn, neu gyfrannu'n ariannol. Yn ogystal, dwi'n ddyledus i nifer o unigolion na'th fynd ati i drefnu gweithgareddau. Yn bendant, na'th ymdrech arbennig Callum Powell, crwtyn ysgol deng mlwydd oed o Abertawe a chefnogwr enfawr i'r Gweilch, gyffwrdd calonne pawb wrth iddo godi dros saith mil o bunne drwy redeg pum cilometr i godi arian i'r gronfa. Wedd ca'l bod yno, ar fy ffyn bagle, i weld Callum yn croesi'r llinell derfyn yn brofiad digon emosiynol – crwtyn caredig a phenderfynol iawn, rhaid gweud.

Gweithgaredd arall gath ei gynnal ar gyfer codi arian wedd y dwrnode golff llwyddiannus dan nawdd Sean Holley a'i gwmni yng nghlwb golff Aberteifi, gyda chriw arbennig o gyn-chwaraewyr Castell-nedd, o gyfnod 'Nhad, yn dod yno i fwynhau'r achlysur, yn ogystal â ffrindie lleol ac aelodau o'r teulu. Bues i'n ffodus i ga'l cymorth Rhys ap William wrth whilo am wobre i'r raffl. Ma Jonesy'n un dwi'n sylwebu 'da fe'n itha amal erbyn hyn ac yn fachan cefnogol iawn a pharod ei gymwynas. Dwi 'di gwerthfawrogi cefnogaeth pawb yn ddiwahân. A ma hynny'n cynnwys cefnogaeth y Gweilch ac Undeb Rygbi Cymru hefyd – fe ges i'r cymorth ymarferol gore posib gyda nhw, sdim dwywaith am hynny.

Ma'r cyfraniade personol dwi 'di derbyn wedi neud tipyn o argraff arna i hefyd. Yn dilyn darlledu *Y Cam Nesaf*, y rhaglen ddogfen, ddiwedd Medi 2022, ges i nifer o decsts a sylwade hynod garedig. Yn ystod un o'r dwrnode canlynol, da'th cnoc ar y drws gatre a finne'n ateb. Menyw hollol ddierth i fi wedd yn sefyll wrth y drws, yn esbonio ei bod hi wedi gwylio'r rhaglen ac wedi, yn ei geirie hi, ca'l ei hysbrydoli 'da'r positifrwydd 'nes i ei arddangos ar ôl y ddamwen. Esboniodd ei bod hi wedi profi cyfnod digon trist yn ei bywyd ac wedi diodde o iselder. Fe wedodd bod y rhaglen wedi rhoi rhyw hwb newydd iddi a neud iddi edrych i'r dyfodol yn fwy gobeithiol. Yna, na'th hi roi anrheg yn fy llaw fel arwydd o'i gwerthfawrogiad – plac pren 'Yma o Hyd, er gwaetha pawb a phopeth'. Ma'r plac lan ar y wal ar ben drws y gegin gatre, ac ma fe'n llwyddo i'n hatgoffa i'n gyson o garedigrwydd a haelioni pawb.

Dro arall, wrth hedfan 'nôl gatre ar ôl bod mas yn Montpellier yn sylwebu ar gêm y Gweilch yn Rhagfyr 2022, sef blwyddyn ar ôl y ddamwen, dechreuodd un o'r teithwyr wedd yn ishte wrth 'yn ochor i sgwrsio 'da fi. 'Na'th hi'n amlwg gyfeirio at 'y ngho's brosthetig a holi hanes y digwyddiad. Wedd hi ddim y person gore am deithio mewn awyren, wedodd hi, ond erbyn glanio'n ôl ym maes awyr Bryste, 'na'th hi ddiolch i fi am fod yn gwmni iddi, gan nodi bod y daith wedi 'hedfan' heibo! Rhai wthnose'n ddiweddarach, fe dderbynies i lythyr oddi wrthi, wedd wedi ei bostio'n wreiddiol at y Gweilch, ac yn yr amlen, wedd siec anrhydeddus oddi wrth Sue, fy nghyd-deithwraig, yn diolch eto am 'y nghwmni ar y daith. Ma pobol wir 'di bod mor garedig!

Yn yr un modd, 'na'th Mari Gravell, gwraig yr enwog
Ray, gysylltu â fi i gyflwyno siec ar ran 'Cymdeithas Ray'
er mwyn cyfrannu at y gronfa 'na'th dalu am y go's.
Ma'n rhyfedd meddwl mai crwtyn un ar ddeg mlwydd oed wên
i ar 'yn ffordd i Ysgol Greenhill, Dinbych y Pysgod i whare
gêm rygbi 'da Ysgol y Preseli ar Dachwedd 15fed 2007 pan
wedd 'Nhad a John Cilrhue yn trafeili ar yr un dwrnod i
angladd Ray ym Mharc y Scarlets. Ces i bleser mowr yn
gwylio'r actor, Gareth Bale yn portreadu Ray yn y ddrama
'Grav' yn theatr y Torch, yn Aberdaugleddau rai blynydde'n
ôl. Er bod yr amgylchiade, wrth golli'r go's yn wahanol i'r
ddou ohonon ni, dwi'n teimlo ryw agosatrwydd ato, er na
ches i 'mo'r cyfle i ddod i'w 'nabod e. Dwi 'di clywed 'Nhad
yn siarad am Ray yn amal, fel gŵr annwyl iawn ac yn
Gymro i'r carn. Ac wrth gwrs, wedd y bartneriaeth sylwebu
rhyngddo fe a Huw Llewellyn Davies yn un unigryw.

Ma'r Gymra'g, a bod yn Gymro, yn agwedde pwysig o
'mywyd inne 'fyd. Ges i'r fraint yn ddiweddar o dderbyn
gwahoddiad i fod yn siaradwr gwadd yn Noson Wobrwyo
Blynyddol Ysgol y Preseli ar y 9fed o Ebrill 2025. Yn fy
araith, 'nes i gyfeirio at y gwaith sylwebu y ces i ei gynnig,
whap ar ôl y ddamwen, a bod gweithio ar raglenni 'Clwb
Rygbi' ar S4C wedi rhoi ffocws a bwriad yn ôl yn fy mywyd
i ar adeg pan wedd pethe'n weddol ddu a wedd hynny i gyd
trwy gyfrwng y Gymra'g. Braint yw ca'l defnyddio'r iaith
yn gyson yn 'y ngwaith; dwi'n hynod o lwcus. 'Nes i sôn
hefyd yn yr araith fel y mae'r atgofion am ddyddie ysgol
mor werthfawr i fi – ar y ca' rygbi yn amlwg, ond hefyd ar
lwyfan yr ysgol yn cystadlu gyda'r parti bois, y côr cymysg
ac wrth gwrs sioeau gwych yr ysgol fel 'Y Garreg Las' a
'Dal Sownd'. Wedd y cyfleoedd ges i yn Ysgol y Preseli yn
ddi-ben-draw.

Ma 'mur fy mebyd' wedi bod yn gefen i fi drwy gydol
yr amsere anodd. Ma gwreiddie dyn yn galler mynd ag e
ymhell, yn galler siapo pa fath o berson fydd e, ond yn

fwy na dim, yn galler agor dryse newydd a mynd ag e ar hyd llwybre cyffrous, ysbrydoledig. Y neges wedd 'da fi i ddisgyblion yr ysgol yn syml iawn wedd, am iddyn nhw ddilyn eu breuddwydion, i fod yn garedig, i fod yn driw i'w hunen ac i gofio pwysigrwydd bod yn Gymro ac yn Gymraes.

Ddwy flynedd ar ôl colli ngho's, ces i'r fraint o fod yn westai ar raglen radio eiconig Beti George, *Beti a'i Phobol*. Yn y stiwdio yng Nghaerfyrddin wên i'n recordio'r sgwrs, gyda Beti ben arall y lein yn ei chatre yng Nghaerdydd, felly, yn anffodus, ches i ddim y pleser o gwrdd â hi wyneb yn wyneb. Wedd y geirie caredig ar ei thudalen twitter cyn darllediad ein sgwrs yn hyfryd ac yn hwb personol i fi i'r dyfodol.

"Sôn am ysbrydoliaeth! Ifan gyda'i wên yn pefrio yn ei lais wrth sôn mor bositif am y dyfodol. A gyda'i ddoniau fe (gan gynnwys ei Gymraeg a'i acen hyfryd) mae'n sicr o lwyddo mewn mwy nag un maes."

* * *

Ma haul y bore yn tywynnu miwn drwy ffenest f'ystafell wely i heddi 'to ac ma'r atgofion am y bore Sul hwnnw yn Rhagfyr 2021 yn llifo'n ôl. Ma'r helmed yn dal 'ma, yn ishte ar y silff yn y stafell wely sbâr a dwi'n ca'l fy nhemtio ar adege i fynd i'w gwisgo. Ma 'na ryw wynt arbennig yn perthyn iddi a rhyw deimlad cyfarwydd, hiraethus yn fy llethu wrth i mi ei dal yn 'y nwylo. Ond bellach, ma'r helmed yn perthyn i'r gorffennol; ac ma'r gymysgedd o emosiyne sy'n corddi y tu fiwn i fi yn diflannu wrth i fi gofio pa mor ffodus wdw i.

Dwi'n credu'n gryf nad yw bywyd i fod yn rhwydd, yn fêl i gyd drwy'r amser. Bydde Mam o hyd yn gweud wrtha i ar yr adege anodd hynny yn 'y ngyrfa,

"Ti byth yn gwbod beth sy rownd y gornel, Ifan."

Y gwir amdani yw, d'yn ni ddim FOD gwbod beth sy

rownd y gornel; yr hyn sy'n llawer mwy pwysig yw ein gallu ni i ymateb ac i ddelio 'da'r annisgwyl – delio gyda beth bynnag ddaw. Yr amsere anodd sy'n adeiladu ein cymeriad ni fel unigolion, sy'n rhoi i ni ryw ruddin ac egni newydd i gadw i fynd. Dyw colli 'y ngho's i ddim wedi newid y person wên i'n arfer bod, ond erbyn hyn mae'n bendant wedi ychwanegu rhyw elfennau newydd i 'nghymeriad i. Bellach, ma'r go's brosthetig yn rhan ohona i, yn rhan o bwy wdw i. Mae fel ffrind newydd i fi; af i ddim i unman hebddi a dwi'n llwyr ddibynnol arni. Dwi hefyd yr un mor ddibynnol ar y bobol sy wedi gofalu amdana i ac sy'n parhau i ofalu amdana i, yn Guildford gynt a bellach yn y clinig prosthetics newydd ym Mryste yn ogystal ag yn ysbyty Treforys. Dwi'n gwbod y bydda i'n ddibynnol arnyn nhw tra bydda i, am weddill 'yn oes.

Erbyn hyn, ma cenhedlaeth newydd yn 'y nheulu i na fyddan nhw byth yn cofio amdana i fel person â dwy go's. Ma gonestrwydd a diniweidrwydd y plantos bach yn chwa o awyr iach, ac fe fyddwn ni fel teulu yn wherthin yn uchel pan fydd Anni, Deio a Iago bach yn sefyll ar un go's fel fflamingos ac yn dweud eu bod nhw'n dynwared eu Hwncwl Ifan. Gwyn eu byd, a gwyn fy myd inne 'fyd. Dwi'n berson lwcus, ond yn fwy na dim, yn berson hapus. Sdim isie dim byd mwy, wes e? Alla i weud o'r galon bod modd profi llawenydd hyd yn oed mewn adfyd, a theimlo hapusrwydd yng nghanol tristwch. Ma positifrwydd meddwl yn arf sy'n galler gwthio dyn i'r cyfeiriad cywir ac i herio'r amhosib.

Ma'r cyfleoedd dwi 'di ca'l ers y ddamwen wedi rhoi pwrpas a nod i 'mywyd i. Ma'r byd rygbi – y chwaraewyr a'r hyfforddwyr, y sylwebyddion, a'r cwmnïau teledu, i gyd wedi bod o gymorth mowr i fi wrth i 'mywyd i symud mlân, er falle nad ydyn nhw'n ymwybodol o hynny, ond ma 'niolch i'n enfawr i bawb. Rhywbeth sy'n galler ca'l ei gysylltu'n amal gydag anabledd yw bod yn fregus. Ond, ma pob un ohonon ni, yn diodde o fod yn fregus ar wahanol adege o'n bywyde. O bosib, bryd hynny, ma angen y gole mewnol 'na soniodd 'Nhad amdano fe gynt, arnon ni i gyd, er mwyn galler symud mlân i'r bennod nesa.

Ma amgylchiade dyddiol yn fy atgoffa'n gyson mai 'anabl' yw'r label swyddogol sy arna i bellach, ond fe fydden i'n barod i ddadle yn erbyn hynny. Dwi'n berson positif, iach, ac yn berson abl. Dyw bywyd, ar drothwy fy mhen-blwydd yn 30 oed, ond megis dechre! A gorwel newydd yn dishgwyl amdana i, lle gynt bu machlud yr haul.

Dyna pam y bydda i'n parhau i ymateb yn gadarnhaol i bob sialens newydd yn 'y mywyd i; ymateb gyda gwên, herio fy ffinie, creu atgofion arbennig... ie, a bachu ar bob cyfle posib!

Hefyd o'r Lolfa:

£11.99

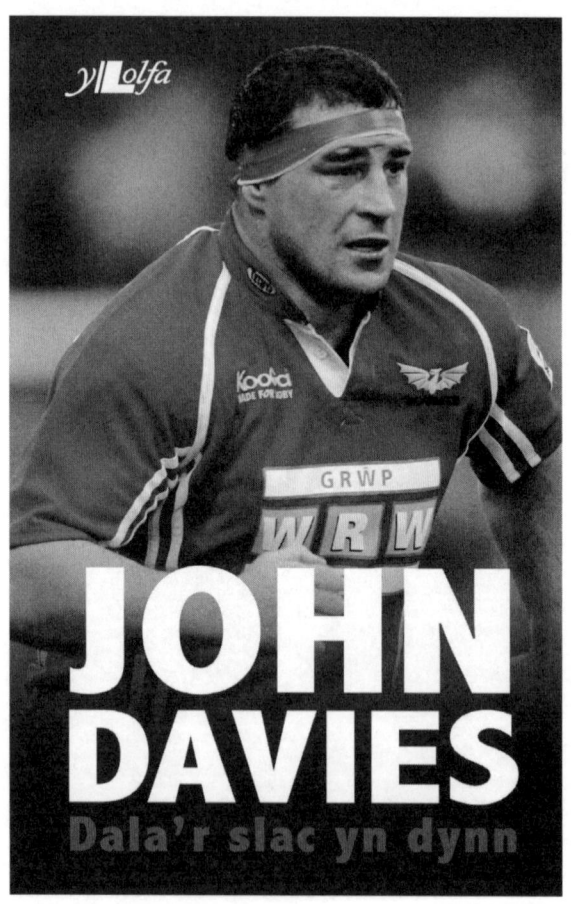

£9.95

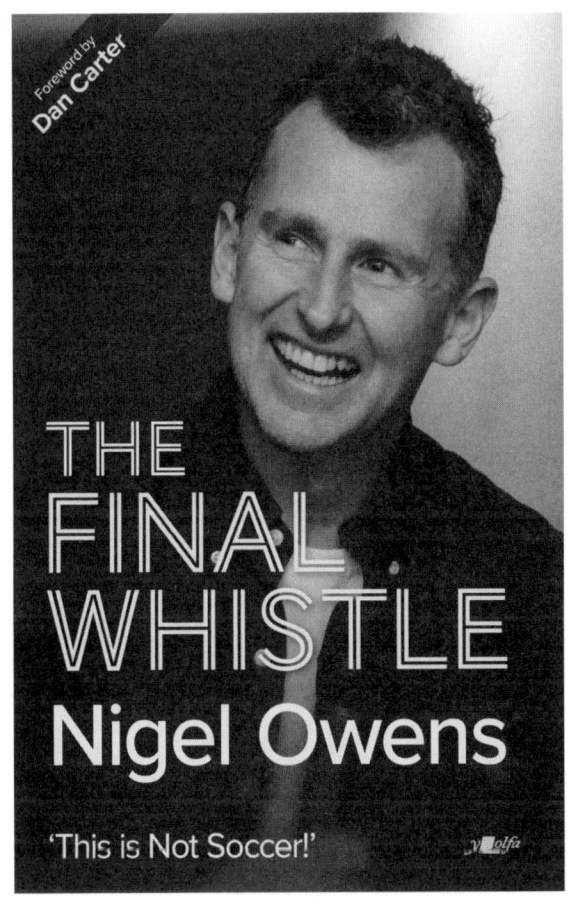

£12.99

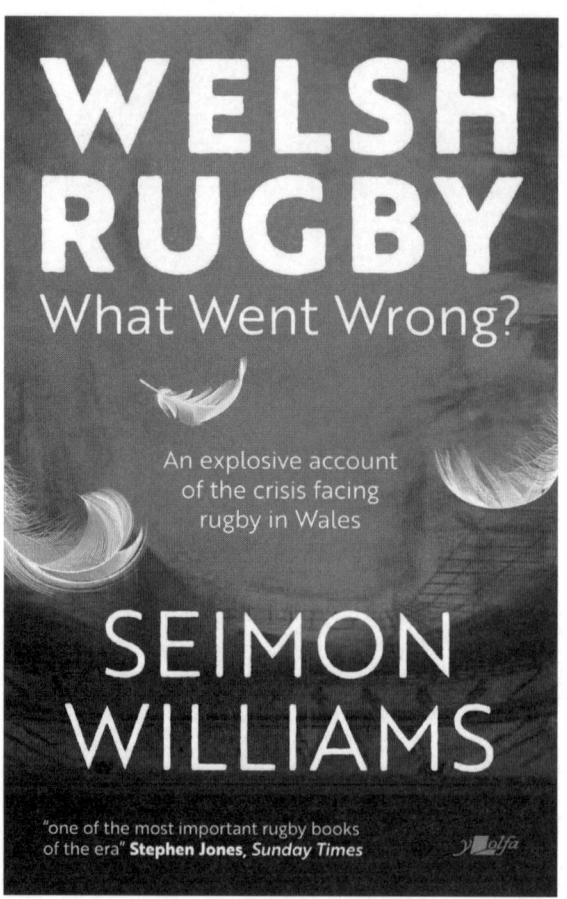

WELSH RUGBY

What Went Wrong?

An explosive account
of the crisis facing
rugby in Wales

SEIMON
WILLIAMS

"one of the most important rugby books
of the era" **Stephen Jones,** *Sunday Times*

y Lolfa

£9.99

HUNAN-ANGHOFIANT

BRYCHAN LLYR

gydag Alun Gibbard

BRWYDR BERSONOL
MAB YR HENDRE

y Lolfa

£9.95

Holwch am bris argraffu!
www.ylolfa.com